조선군 사령관 신류의 흑룡강원정 참전기

북정록

북정록

조선군 사령관 신류의 흑룡강원정 참전기

초판 1쇄 인쇄 2018년 9월 10일 ＼**초판 1쇄 발행** 2018년 9월 15일
지은이 신류 ＼**옮긴이** 계승범 ＼**펴낸이** 이영선 ＼**편집 이사** 강영선 ＼**주간** 김선정
주간 김문정 ＼**편집장** 임경훈 ＼**편집** 김종훈 이현정 ＼**디자인** 김회량 정경아
독자본부 김일신 김진규 김연수 정혜영 박정래 손미경 김동욱

펴낸곳 서해문집 ＼**출판등록** 1989년 3월 16일(제406-2005-000047호)
주소 경기도 파주시 광인사길 217(파주출판도시) ＼**전화** (031)955-7470 ＼**팩스** (031)955-7469
홈페이지 www.booksea.co.kr ＼**이메일** shmj21@hanmail.net

ISBN 978-89-7483-950-5 03910
값 10,900원

이 도서의 국립중앙도서관 출판예정도서목록(CIP)은 서지정보유통지원시스템 홈페이지(http://seoji.nl.go.kr)
와 국가자료공동목록시스템(http://www.nl.go.kr/kolisnet)에서 이용하실 수 있습니다.
(CIP제어번호: CIP2018024687)

조선군 사령관 신류의 흑룡강 원정 참전기

북정록

신류 지음 · 계승범 옮김

서해문집

대한민국의 국제 위상이 높아진 요즘에는 UN평화유지군 자격으로 국군이 해외에 출병하는 일이 낯설지 않다. 그런데 역사에서 보면, 어떤 나라의 해외파병이 반드시 그 국가의 국제 위상이나 국력과 일치하지는 않는다. 실제로는 파병을 원치 않으면서도, 강대국의 압력에 못 이겨 끌려나가다시피 한 사례가 워낙 많기 때문이다.

13세기 후반 몽골제국의 두 차례 일본 원정에는 고려 군인들도 참여했다. 고려의 대표적 해외파병 사례다. 그런데 당시 고려는 몽골과의 오랜 전쟁으로 국력이 극도로 피폐했으므로, 고려가 독자적으로 일본을 공격할 일은 전혀 없었다. 몽골과 강화한 후 몽골의 압력을 받고 어쩔 수 없이 출병했을 뿐이며, 그 사회경제적 후유증은 심각했다.

이와 비슷한 일은 조선에서도 벌어졌다. 조선 국왕이 삼전도에서 청나라 칸에게 항복한 1637년부터 청나라가 산하이관山海關을 돌파하고 베이징北京에 입성한 1644년까지 7년 동안 청나라의 압력에 못 이겨 눈물을 머금고 요서遼西로 군대를 보내 명나라와 싸워야 했던 일이 아마도 으뜸 사례일 것이다. 군부君父로 사대하던 명나라를 돕기는커녕, 오히려 군부의 원수인 청나라에 징병돼 명나라와 싸울 수밖에 없는 현실은 당시 조선의 지배 엘리트들에게는 그야말로 하늘이 무너지는 패닉 그 자체였다. 마지 못해 출병한 조선군이 전투 중에 하늘을 향해 총을 쐈다는 기록이 있는데, 다소 과장이 있더라도, 당시 조선군이 명나라에 총부리를 겨누는 일에 얼마나 정신적 공황을 겪었는지 잘 보여 준다.

조선의 독자적 해외원정으로 알려진 사례는 아마도 세종 때 단행한 대마도원정(1419)일 것이다. 이종무李從茂가 지휘한 이 원정이 조선의 자체 필요에 따른 출병임은 분명하지만, 그 이면에는 왜구 소탕을 위해 명나라가 일본원정을 감행할지도 모르던 당시 정세 판단도 주요 요인으로 작용했다. 명나라가 왜구를 근절시키기 위해 일본을 직접 공격할 경우, 명나라 육군이 한반도를 통과할 것은 자명했다. 엄청난 군수물자 징발도 큰일이었다. 이럴 경우에 조선이 입을 피해가 어떨지는 200여 년 전 몽골의 일본원정 경험을 통해 쉽게 가늠할 수 있었다. 따라서 차라리 조선군을 미리 출병시켜 독자적으로 대마도를 침으로써, 명나라 군대가 한반도에 진입할 명분을 미연에 없앴던 것이다.

이 밖에도 적지 않은 해외파병이 한국 역사에 보이는데, 통일신라 이래 그 대부분은 주변 강대국의 출병 요구에 따른 파병이었다. 1960년대 국군의 베트남 파병만 보아도, 미국의 필요와 박정희의 적극적 호응에 따른 '복잡한' 파병으로, 당시 대한민국의 국제 위상과는 아무런 관련이 없었다.

이 책에서 소개할 《북정록》도 1658년 청나라의 징병에 따라 조선에서 어쩔 수 없이 파견한 250여 병력이 흑룡강까지 진출해 러시아군과 싸워 승리한 내용을 담은 기본 자료다. 당시 청나라는 러시아 세력이 흑룡강을 오르내리는 데 그치지 않고 송화강을 따라 북만주로 남하하는 데 위기를 느끼고, 러시아를 상대로 여러 차례 전투를 벌였다. 그 종지부가 바로 1689년에 체결한 네르친스크조약이다. 대부분의 전투는 송화강이 흑룡강과 합류하는 지점 서쪽에서, 다른 말로 흑룡강 상류에서 발생했다. 그동안 청나라는 조선에 파병을 두 차례 요구했는데, 모두 송화강 내지는 흑룡강 하류에서 작전을 수행할 때였다. 조선에서 비교적 가까운 곳에서 작전을 수행할 때만 징병한 것이다.

그렇지만 조선 입장에서는 청나라의 어떤 징병도 불쾌하고 우울했다. 군부의 나라를 멸망시킨 철천지원수 청나라의 지휘를 받아야 했기 때문이다. 특히 1658년은 효종 재위 9년째로, 이른바 '북벌운동'이 절정에 달할 때였다. 그런데 북벌 대상인 청나라를 치기는커녕, 오히려 그 청나라의 지휘를 받아야 하는 원정은 정신적 공황을 일으키기에 충분했다.

이 책에서 역주한 자료 《북정록》은 바로 이런 심경으로 어쩔 수 없이 만주로 출병한 조선군 사령관 신류가 남긴 진중일기다. 따라서 이 역주를 읽을 때, 단지 전투 상황에만 열중할 것이 아니라, 기록의 행간에 넘쳐나는 저자의 미세한 심리 상태까지 엿보고 느낄 수 있다면 매우 훌륭한 자료 읽기가 될 것이다. 이런 '읽기 재미'를 함께 나누기 위해, 이 역주본은 대학생은 물론이고, 역사에 관심이 많다면 고등학생이라 해도 읽기에 충분할 것이다.

수준 이하의 대중역사가들이 어떤 검증 절차도 없이 득세하는 요즘, 역사에 관심이 있는 학생 내지는 일반 대중이라면 도대체 어떤 책을 골라 읽어야 할까? 가공식품이 대체로 몸에 안 좋듯이, 강사가 너무 가공하고 정제한 '팬시fancy 한 역사 이야기'를 그저 재미있다는 이유로 탐닉해서는 역사를 제대로 이해할 수 없다. 오히려 역사 공부에 방해가 되기 십상이다. 정녕 역사에 관심이 있다면, 일단 기본 자료, 곧 1차 사료의 역주본을 다양하게 직접 읽기를 권한다. 남이 하는 역사 이야기를 백날 들어 봐야, 자기가 자료를 직접 읽는 것에는 까마득히 못 미치는 법이다. 이것이 바로 이번에 《북정록》을 쉽게 풀어 역주한 핵심 이유다.

《북정록》의 역주를 제안하고, 마냥 늘어지는 원고를 참아 주고, 이 책의 출판 과정 곳곳에서 다양하게 도와주신 서해문집에 깊은 감사를 표한다. 또한 번역 과정에서 다양한 자문과 도움을 주신 허부문 선생(서강대)께도 깊은 감사를 드린다. 그래도 혹시 이 역주에 어떤 오류가 있다면, 그것은 오롯이 역자의 잘못임을 미리 밝히고 양해를 구한다.

2018년 9월
계승범

조선시대에는 '북정록北征錄'이라는 제목을 단 자료가 여럿 존재했다.
이 책에서 다룬 《북정록》은 1658년 제2차 '흑룡강원정(나선정벌)'의 조선군
사령관 신류申瀏(1619~1680)가 남긴 진중일기를 이른다.[1] 《북정록》은 당시
원정의 추이를 상세하게 전할 뿐만 아니라, 17세기 무렵 조선의 해외 원정
방식, 무기 체계와 화력의 성능, 청나라와의 관계, 대외 인식 등을 종합적
으로 파악할 수 있는 중요한 1차 자료다.

흑룡강원정(나선정벌)이란 17세기 중반 북만주로 남하하는 러시아(나선)를
저지하려던 청나라의 출병 요구에 따라 조선군이 송화강松花江(쏭화강)과 흑
룡강黑龍江(아무르강·헤이룽강) 유역으로 1654년과 1658년에 걸쳐 두 차례 출
정한 사건을 이른다. 이 원정에 대한 청나라 기록은 당안檔案 자료에서 극

---

[1] 정벌征伐은 국가 사이의 상하 질서와 선악의 구분을 강조한 유교적 가치가 강하게 투영된 용어로, 21세
기 역사학에는 어울리지 않는다. '나선정벌'에 대한 대안으로 '나선원정'이라는 용어를 생각할 수 있다.
그런데 원정 당시 조선 조정에서는 '나선'이 누구인지조차 제대로 알지 못했다. 이런 점을 고려할 때, 조
선군의 두 차례 원정 모두 흑룡강까지 진격한 점을 중시해, '흑룡강원정'으로 부르는 것이 가장 적절할
것이다. 다만 나선정벌이라는 명칭이 이미 학계에 널리 알려져 있는 현실도 감안해, 여기서는 '흑룡강원
정(나선정벌)'으로 표기한다.

히 파편적으로 일부를 확인할 수 있는데,[2] 1차 원정(1654) 당시 조선이 청나라의 예부에 보낸 자문과 그에 대한 조치를 간략히 보여 주는 정도라서 별 도움은 안 된다. 이에 비해, 조선 측 자료는 풍성한 편이다. 1차 원정(1654)에 대해서는 사령관 변급邊岌이 개선 후에 올린 보고 내용이 《효종실록》에 잘 남아 있고, 2차 원정에 대해서는 사령관 신류가 작성한 《북정록》이 원정의 실상을 매우 상세하게 전한다.[3] 이들 기록은 1720년에 간행한 《통문관지通文館志》와 1784년에 간행한 《동문휘고同文彙考》의 관련 내용과도 잘 부합하며,[4] 《등록유초謄錄類抄》의 내용도 이들 기록을 잘 보충해 준다.[5] 또한 《비변사등록備邊司謄錄》과 《승정원일기承政院日記》에서도 원정 관련 기록을 일부 확인할 수 있다. 이들 자료 가운데 신류의 《북정록》은 타의 추종을 불허하는 독보적 1차 자료이자, 그 내용은 전투에서 살아남은 러시아 병사들이 도주한 후 상부에 보고한 전투 내용과도 거의 완벽하게 일치한다.[6]

그런데 이렇게 귀중한 자료이건만, 《북정록》은 정작 당시에는 민간에 알려지지 않았다. 최상의 1차 자료인 《북정록》이 사령관 신류 집안의 가장家藏으로만 머문 탓에, 당시 사람들은 그것을 제대로 접할 길이 없었다. 그런 기록물이 있는지조차도 잘 몰랐던 것 같다. 또한 종합적이고도 정확한 자료라 할 수 있는 실록은 비공개 자료였으므로, 민간에서는 그 내용을 알

2   '禮部尙書臣胡世安等謹' 순치 11년 4월 24일(中國第一歷史檔案館 全宗2-31-215-10).

3   박태근 역주, 《국역 북정일기》, 한국정신문화연구원, 1980.

4   《통문관지》 권9 23좌 및 26좌; 《동문휘고》 원편 권76, 군무, 순치 11년 7월.

5   《등록유초》 교린3, 효종 9년 3월 4일 무술. 《등록유초》의 발견과 내용 소개에 대해서는 반윤홍, 〈비변사의 나선정벌 주획에 대하여: 효종조 영고탑 파병절목을 중심으로〉, 《한국사학보》 11, 2001 참조.

6   두 차례 원정 관련 러시아 측 자료에 대해서는 계승범, 〈17세기 중반 나선정벌의 추이와 그 동아시아적 의미〉, 《사학연구》 110, 2013 참조. 러시아 자료 가운데 일부는 온라인으로도 열람이 가능하다.
    http://sibrelic.ucoz.ru/publ/akty_istoricheskie_1660_1669gg/akty_istoricheskie_1660g/1660_09_04/92-1-0-481

수 없었다. 다른 관찬서도 정도의 차이는 있으나, 사정은 대동소이했다.

이런 상황에서 흑룡강원정(나선정벌) 이야기를 민간에 알린 결정적 자료는 2차 원정 당시 출정한 부장副將 배시황裵是愰이 작성했다는 《북정일록北征日錄》이다.

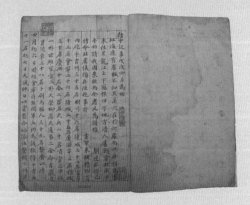

《북정록》 계명대학교 소장

그런데 배시황이라는 이름은 원정 관련 어떤 자료에서도 확인할 수 없다. 이 때문에 《북정일록》을 역사학계에서는 위서로, 국문학계에서는 소설로 보는 경향이 있다.[7] 실제로, 국문학계에서는 《북정일록》의 내용을 거의 그대로 언문으로 번역하되 과장과 허구를 더 추가한 《배시황전裵是愰傳》을 조선 후기 영웅·군담 소설의 하나로 본다.[8] 요컨대, 조선 후기 사람들은 역사 자료가 아니라 역사 소설을 통해 2차 흑룡강원정(1658) 이야기를 접한 것이다.

이런 이유로, 근대 역사학을 수용한 일제강점기는 물론이고 해방 후에도 역사학자들은 흑룡강원정(나선정벌)을 고증하기 위해서 실록과 같은 몇몇 관찬 자료에 의지할 수밖에 없었다. 신류의 《북정록》에 대해서는 그 존재조차 알려진 바 없었다. 그러다가 흑룡강원정 관련 자료를 수집하기 위해 10년이 넘도록 동분서주하던 역사학자 박태근朴泰根이 지성이면 감천

7　계승범, 〈위서와 소설 사이 17세기 북정록을 통해 본 북정일록〉, 《서강인문논총》 50, 2017.
8　권혁래, 〈나선정벌기의 허구화 과정에서 《북정일기》의 소설적 성취〉, 《고소설연구》 37, 2014.

신류 장군 유적지 경상북도 칠곡군 소재

이랄까, 고서 수집가 이인재李仁哉 씨의 소장 고서 속에서 신류의《북정록》
을 발견했는데, 이것이 현재 유일본이다.[9] 이 덕분에, 2차 원정의 전말이
비로소 생생하게 드러났으며, 러시아 자료와 꼼꼼한 대조 작업을 거치면
서 그 사실성과 정확성은 더욱 두드러졌다.《북정록》은 2차 원정의 실상
을 전하는, 명실 공히 최고의 1차 자료인 것이다.

이《북정록》에 대한 최초의 역주서는 자료 발굴자인 박태근이 1980년
에 한국정신문화연구원에서《국역 북정일기》라는 제목으로 출간한 바 있
다. 양질의 번역과 주석을 제공함으로써, 관련 연구자들에게 큰 도움을 주
었다. 다만, 근 40년 전에 나온 역주이다 보니, 2010년대가 저무는 현재 시
점에서 볼 때, 번역의 문체나 표현에서 가독성이 높지 않다. 주석도 지극

---

9   박태근 역주,《국역 북정일기》, 한국정신문화연구원, 1980, 43쪽.

히 학술적이기에, 전문가가 아닌 일반인이 접하기에는 꽤 어려운 편이다. 또한 어떤 내용에 대해 어떤 주석을 달 것인가에 대해서도 40년 전의 독자와 현재 독자 사이에 무시할 수 없는 차이가 있다. 이런 점을 염두에 두고, 이번 재再역주는 역사학도뿐만 아니라 역사에 관심이 큰 일반인이나 대학생, 더 나아가 고등학생까지도 고려해 집필했다. 역주의 저본은 박태근이 1980년에 출간한《국역 북정일기》말미에 첨부한 이인재 소장 필사본《북정록》을 영인한 것이다.

신류의《북정록》은 야전의 현장감을 매우 생생하게 전해 줄 뿐만 아니라, 17세기 중반 효종孝宗 재위(1649~1659) 당시 조선의 여러 상황까지 다양하게 제공하는 소중한 자료다.《북정록》의 내용을 통해 손쉽게 파악할 수 있는 '직접' 정보 외에도, 내용에 대한 다양한 분석을 통해 추출해 낼 수 있는 '간접' 정보도 무궁무진하다.《북정록》이 갖는 자료 가치를 몇 가지로 간추리면 다음과 같다.

첫째, 전투에 참여한 지휘관이 일지 형식으로 기록한 일종의 진중일기라는 점을 우선 꼽을 수 있다. 조선의 흑룡강원정(나선정벌)은 1650년대에 4년 터울로 두 차례 있었는데, 1차 원정(1654) 때 사령관 변급이 별도의 진중일기를 남기지 않은 데 비해, 2차 원정(1658) 사령관 신류가 일지 형식의 기록을 남긴 점은 그 중요성을 아무리 강조해도 지나치지 않다. 조선시대에 나온 진중일기 가운데 으뜸이 이순신李舜臣(1545~1598)의《난중일기》임은 다른 설명이 필요 없을 정도로 타의 추종을 불허한다. 내용의 규모 면에서 신류의《북정록》이《난중일기》에 비할 바는 아니지만, 그 꼼꼼함은 결코 뒤지지 않는다. 특히 해외 출정에 임하는 야전 사령관의 감정과 심리 상태를 솔직하게 표출한 면에서는 오히려《난중일기》보다 더 세밀한 부분이 적지 않다. 전쟁사 관련 1차 자료가 대개 전황 판단이나 전투 결과 보고서 내지는 지휘부의 전략과 전술 관련 내용을 주로 담는 데 비해, 야전 사령관 본인의 주관적 감상을 세밀하면서도 담담하게 기록한 점에서,《북정록》에는 이순신의《난중일기》보다 뛰어난 면도 있다.

둘째, 내용의 사실성과 정확성은《북정록》의 사료적 가치를 더욱 높인다. 1차 자료라고 해서 모두 정확성이 뛰어나지는 않다. 어떤 역사 현장을 직접 경험하거나 목도한 사람이 기록을 남긴다고 해도, 자기 입장에 따라 사실의 취사선택은 얼마든지 가능하기 때문이다. 이뿐 아니라, 자기 경험이 전체 그림에서 어떤 위치를 차지하는지에 대해서도 알기 어렵다. 특히 전쟁이나 전투 관련 1차 자료인 현장 보고서와 작전 회의록은 기록에 등장하는 장교들의 군공軍功에 대한 논공행상 문제와 흔히 직결되기 때문에, 패배는 축소하고 승리는 과장하는 것이 동서고금의 상례다. 그런데《북정록》은 그런 면이 없이, 피아간의 전투 병력과 전투 상황을 매우 객관적으로 정확하게 기록한 점에서 사료로서 가치가 더욱 두드러진다.《북정록》에 보이는 이런 특징은 당시 전투에서 패해 퇴각한 러시아군 병사들이 상급 지휘 본부에서 심문을 받을 때 진술한 전투 상황 내용과 거의 완벽하게 일치한다는 점에서 더욱 돋보인다.

셋째,《북정록》은 전투 상황뿐만 아니라 조선군이 청군靑軍에 어떻게 편제되었는지에 대해서도 귀중한 정보를 제공한다. 2차 원정(1658) 당시 영고탑寧古塔(닝구타)에서 청나라 군대에 합류한 조선군은 청나라의 8기제八旗制에 따라 편성돼 있던 청군의 여덟 부대에 분산, 배치되었다. 이는 '연합군'이라는 말이 무색할 정도로, 조선군이 신류 휘하의 독립부대로 작전에 임하지 못했음을 여실히 보여 준다. 차라리 용병이라면 그 대가로 돈이라도 받았겠지만, 당시 조선군 출병은 청나라의 청병淸兵이 아니라 거역할 수 없는 징병徵兵에 따른 결과였다. 1차 원정(1654) 때의 부대 편성 기록이 전하지 않는 탓에 진실을 알 수는 없으나, 8기제가 공고하던 청나라 부대 편제를 감안할 때, 그때도 마찬가지로 분산·배속됐을 것으로 보아도 무리는 없을 것이다. 참고로, 1619년 조선은 명나라를 도와 후금과 싸우기 위해 강홍립姜弘立(1560~1627)이 이끄는 1만 2000여 병력을 요동에 파견한 적 있는데, 이때 조선군은 비록 명나라 사령관의 지휘를 받기는 했으나, 독립적 예하부대로 움직였다. 그런데 흑룡강원정(나선정벌) 때 조선군은 처음부터 청군 속으로 분산됨으로써, 독립부대로서의 면모를 완전히 상실했다. 이는 명-조선 관계보다, 청-조선 관계가 훨씬 더 수직적이었음을 잘 보여준다. 이렇듯《북정록》은 청-조선 관계의 상하 질서가 얼마나 엄혹하고 현실적이었는지 가감 없이 보여 주는 자료다.

넷째,《북정록》의 저자 신류가 청군 지휘관들에게 어떤 호칭을 사용했는지 살피는 것도《북정록》을 활용하는 좋은 연구 방법이다. 1650년대 조선의 한 무관인 야전 사령관이 청나라 사람들에게 품었던 의식을 가감 없이 드러내는 점에서,《북정록》자료의 활용 범위는 전쟁사 범주를 넘어설 수도 있기 때문이다. 예를 들어, 출정 중에 작성한 일기에서는 청나라 군인들을 대개 청장淸將, 대장大將, 부수副帥, 부장副將, 성주자城主者, 청인淸人, 피배彼輩, 청차淸差, 차인差人 등으로 칭했다. 이는 청나라와 조선 사이에서 어떤 상하 관계도 느낄 수 없는, 있는 그대로의 직함이나 호칭을 사용한 것이다. 그런데 청나라 군속 중에서도 만주족이 아닌 사람들을 한인漢人이나 서촉인西蜀人처럼 그 종족을 분명히 기록한 점이 흥미롭다. 그런데 작전 임무를 마치고 조선으로 귀국한 후에 작성한 부기附記에서는 청군 지휘관에 대한 호칭이 모두 괴호魁胡나 부호副胡라는 비칭으로 확연히 바뀌었다. 영고탑 주둔 청나라 병사들도 더 이상 청인이라 부르지 않고, 영고지호寧古之胡라 낮춰 불렀다. 이는 신류의 의식 체계 속에서 만주족의 청나라는 곧 '오랑캐 나라'라는 의식이 얼마나 뿌리 깊었는지 잘 보여 준다. 청나라에 대한 이런 의식은 신류만이 아니라 당시 조선 조야에도 매우 광범위하게 퍼져 있었다.[10] 이렇듯, 어떻게 활용하는가에 따라《북정록》은 전쟁사의 범주를 넘어 다양한 정보를 발굴할 수 있는 귀중한 자료다.

다섯째,《북정록》은 17세기 무렵 만주 일대의 인문지리 연구에도 큰 도움을 준다. 조선 원정군은 함경도 일대 포수들을 군현별로 차출해 구성했는데, 모두 회령會寧에 모여서 점호를 받고 두만강을 건너 영고탑의 청군 사령부로 이동했다. 병사들의 행군 속도로 약 7~8일 걸리는 이 노정에 대해 신류는 비교적 상세하게 지리·지형 관련 기록을 남겼다. 각종 지명은 그 자체만으로도 매우 소중하다. 또한 현재의 목단강牡丹江(무단강)과 송화강을 가리키는 옛 지명들을 비롯해, 영고탑에서 목단강과 송화강을 거쳐 흑룡강에 이르는 지세와 각종 지명 및 부락 이름도 매우 풍부하다. 따라서《북정록》은 역사지리 자료로도 손색이 없다.

이 밖에도, 17세기 당시 조선군·청군·러시아군의 개인 화력(조총) 비교, 함경도 일대의 병사 차출 방법, 강상전江上戰의 일반 유형, 휘하 병사들에 대한 사령관 신류의 섬세한 인간적 관심 등등,《북정록》을 통해 알 수 있는 정보는 거의 무한정이라 해도 과언이 아니다. 그런데 이런 정보는 이 책의 역주를 읽으면서 일일이 확인할 수 있기 때문에, 여기서 군이 상술할 필요

---

10 이에 대한 상세한 논의는 계승범,《조선시대 해외파병과 한중관계》, 푸른역사, 2009, 268~269쪽 참조.

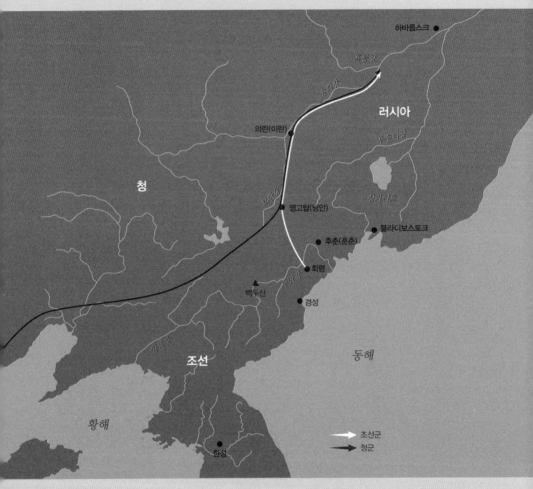

2차 흑룡강원정(나선정벌) 당시 조선군과 청군의 진로

는 없다. 다만, 이번에 다시 역주한 이 책을 통해, 17세기 흑룡강원정(나선정벌)의 실상에 대한 생생한 정보뿐만 아니라, 사료 비판과 활용이라는 역사학의 기본 주제를 가지고 일반 독자들에게까지 좀 더 다가갈 수 있기를 기대한다.

일 러
두 기

1 이 책은 신류申瀏(1619~1680)가 1658년 4월부터 8월까지 제2차 흑룡강원정(나선정벌)에 참
   여한 후 남긴 진중일기《북정록北征錄》을 번역하고 주석을 단 것이다.

2 본문에 나오는 날짜는 모두 음력이다.

3 중국 인명과 지명은 본문에서는 한자음 그대로 표기하고, 필요한 경우 주석 또는 괄호 설명
   등에서 외래어표기법에 따라 현재에 맞는 발음으로 표기했다.

4 그 외의 외래어는 외래어표기법에 따라 표기했다.

차 례

복점록

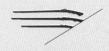

○ 출정(行中) 기사는 무술년戊戌年(1658, 효종9) 4월에 시작한다.

○ 북쪽 바닷가에 오랑캐 도적 떼가 있는데, 그 소굴이 어느 곳에 있는 지 모른다. 그들은 배를 집으로 삼아 흑룡강黑龍江[1] 상·하류를 오르내리면 서 왈가曰可[2] 지방을 노략질하고 있었다. 청나라 사람들이 여러 차례 싸웠 으나 모조리 패했다. 갑오년甲午年(1654, 효종5)에 처음으로 우리나라에 와서 구해 달라고 요청했으며,[3] 최근에 다시 도와 달라고 요청했다.

조정에서는 어쩔 수 없이 북우후北虞侯[4]로 하여금 병사를 거느리고 출정 하라고 특명을 내렸다. 교지敎旨가 내려왔으므로 함경도의 포수들을 엄격 하게 선발했다. 길주吉州 서른다섯 명, 명천明川 열여섯 명, 경성鏡城 스물두

---

1   중국과 러시아의 국경을 이루는 총길이 4352킬로미터의 강으로, 몽골 북부의 오논강에서 발원해 동쪽 으로 흘러 오호츠크해로 들어간다. 러시아어로는 아무르강, 중국어로는 헤이룽강이라고 부른다.
2   송화강 하류, 흑룡강 중·하류, 우수리강 유역 일대를 가리키며, 중원으로 들어가지 않은 토착민의 생활 공간이었다.
3   1654년에 변급이 이끌고 출정한 제1차 나선정벌을 가리킨다.
4   함경도 북병영의 장수를 가리킨다. 우후는 종3품 무관직으로 정식 명칭은 병마우후다. 함경도를 남과 북 으로 나눠 두 명의 우후를 두었는데, 북병영우후가 바로 《북정록》의 저자 신류였다.

신류가 선발한 포수들의 출신 지역
〈해좌전도海左全圖〉(19세기 중반, 국립중앙박물관 소장)에 표기

명, 부령富寧 열세 명, 회령會寧 스물여섯 명, 종성鐘城 스물다섯 명, 경원慶
源 스물세 명, 온성穩城 서른 명, 경흥慶興 열 명으로 모두 200명이었다. 화
병火兵[5] 스무 명, 초관哨官[6] 두 명은 신성일申誠一과 박세웅朴世雄, 군관軍官
(장교) 두 명은 박대영朴大榮과 유응천柳應天, 통사通事(통역) 두 명은 김명길金

---

5 불을 다루는 병사로, 대개 식량과 취사를 담당했다.
6 다섯 명으로 구성된 1초를 지휘하던 종9품 무관직이다.

命吉과 엄애남嚴愛男, 수솔隨率[7] 서른여덟 명, 쇄마구인刷馬驅人[8] 서른아홉 명이 모든 준비를 끝내고 출정을 기다렸다.

---

7 잔심부름을 하는 병사다.
8 관용 말인 쇄마를 부리며 짐바리를 싣고 내리는 사람이다.

4월

4월 6일, 맑음

회령부로 가서 군사들을 점검하고 사열했다. 이어서 조총鳥銃을 시험 발포했는데 맞힌 자가 쉰한 명이었다.

4월 7일, 온종일 바람이 세차게 불었다

군장을 나눠 주고 대오를 정돈하고자 그대로 회령에 머물렀다.

4월 8일, 맑음

행영行營 9으로 돌아왔다.

4월 9일, 맑음

4월 10일, 맑음

---

9 함경도 북병영은 본디 경성에 두었으나, 두만강이 얼어붙는 겨울철인 10월에서 3월 사이에는 종성으로 옮겼다. 당시는 4월이지만, 가까운 거리에 위치한 종성을 이용한 듯하다.

조총

화승식 점화법을 이용해 화승총이라고 했다. 1589년(선조 22) 황윤길 일행이 일본에 사신으로 갔다 오는 길에 쓰시마 도주로부터 몇 자루 받아온 것이 시초다. 임진왜란 이후 본격적으로 사용했고, 1655년(효종 7) 조선에 온 하멜 일행이 조총 제작에 참여하면서 성능이 향상됐다. 국립중앙박물관 소장

전투에 쓸 큰 말을 점검하는 일로 회령부에 갔다가 저녁에 돌아왔다.

4월 11일, 맑음

4월 12일, 맑음

4월 13일, 맑음

4월 14일, 비

4월 15일, 흐림

4월 16일, 흐림

경원 부사府使가 송별연을 베풀어 주었다.

4월 17일, 맑음

4월 18일, 맑음

함경도 병마절도사(兵相)[10]가 송별연을 베풀어 주었다.

4월 19일, 맑음

회령을 향해 떠나는데, 함경도 병마절도사가 서문 밖 냇가에서 배웅해 주었다.

4월 20일, 개었다가 비가 내리곤 했다

회령에 머물렀다.

4월 21일, 맑음

남문루南門樓에 가서 조총 발사 시험을 하고, 돌아올 때에 회령 부사를 만나 보았다. 박대영과 김명길이 왔다.

4월 22일, 맑음

---

10   각 지방의 병마를 지휘하던 종2품의 무관직이다.

회령 판관判官이 술자리를 마련했는데, 종일토록 마시다가 술자리를 끝냈다. 유웅천이 왔다.

4월 23일, 맑음

통관通官[11]이 오지 않아 머물러 기다리다가 몹시 지루해서 행영으로 돌아왔다.

4월 25일, 맑음

4월 26일, 맑음

4월 27일, 맑음

4월 28일, 맑음

4월 29일, 맑음

4월 30일, 맑음

---

11 조선군을 영고탑까지 안내할 청나라 측 통관을 이른다. 당시 청나라 조선어 통관은 모두 조선 출신이었다.

일제강점기 때 촬영한 고령진 전경 사진 국립중앙박물관 소장

　날이 밝기도 전에 고령진高嶺鎭에서 "청나라의 차사差使[12]가 어젯밤 술
시戌時(오후 7~9시)에 고령진 건너편을 지나 곧장 회령으로 향했다"라고 보
고했다.

　이에, 나도 곧바로 회령으로 향해 가서 관아 정문으로부터 5리 되는 거
리에 도착했다. 차사가 동쪽 문으로 들어오자마자, 나도 객사로 달려들어
가 만나 보았다. 통관이 말했다.

　"군사를 움직일 날짜가 바싹 다가왔으니 내일은 반드시 두만강豆滿江을
건너야만 합니다."

　오늘은 군량의 태반을 강 너머로 옮겼다. 통관 면면은 대통관大通官 김
대헌金大憲, 차통관次通官 윤수尹守, 차관差官 단필丹必 등이라고 했다.

12　조선군을 안내할 임무를 띠고 회령을 방문한 청나라 장교를 이른다.

5월

5월 1일, 맑음

아침에 대통관을 찾아가 보고 일렀다.

"행군 날짜가 매우 급하오. 군졸과 군량미 등의 물품은 조치해 갖춰 놓았지만, 모자란 게 있을 듯하니, 오늘 도강은 매우 걱정스럽소."

통관이 대답했다.

"군사를 움직일 날짜인 5월 6일이 가까이 왔으니 결코 일각을 지체하기 어렵습니다. 군사들은 오늘 도강해 강가에서 숙영하고, 영장領將(지휘관)께서는 우리와 함께 내일 아침 일찍 도강해도 무방합니다."

내일은 틀림없이 도강해야 한다.

5월 2일, 맑은 후 저녁에 잠시 비가 왔다

진시辰時(오전 7~9시)에 두만강을 건너 고라이령古羅耳嶺을 넘어 법순法順에서 숙영했다.

5월 3일, 맑음

자혜耆兮에서 아침을 먹고 풍계豊溪와 건가토件可吐, 두 강을 건너 건가토 강가에서 숙영했다.

5월 4일, 비

일래비라一來非羅에서 아침을 먹고 궁굿동弓仇叱洞에서 숙영했다. 온종일 빗줄기를 무릅쓰고 행군했다. 도로는 진흙탕이 됐으며 군사도 말도 거꾸러지고 짐바리(卜物)는 죄다 젖어 버렸다.

5월 5일, 맑음

아침에 고개 하나를 넘어 승거평承巨坪에서 밥을 지어 먹고, 저녁에는 뿐지령分叱之嶺을 넘어 호지강胡之江 가에서 숙영했다. 청나라 차사가 군사를 움직이는 날짜가 급박하다며 재촉하기에 그 명령에 따라 달려갔으나, 날이 어두워진 후에도 군졸 및 마부와 말은 모두 도착하지 않았다.

5월 6일, 맑음

아미단阿彌壇에서 아침을 먹고 나한령羅汗嶺을 넘어 술가도군戌可道君에서 숙영했다. 이날은 후춘厚春¹³에서 머물다가 영고탑寧古塔¹⁴으로 돌아가는 자와 도중에 마주쳐서 물어보니, "오늘은 정말로 출동하는데, 대장大將 한 사람은 조선군을 기다리는 일 때문에 뒤처져 머물러 있다"라고 말했다.

---

13 지금의 지린성吉林省 훈춘琿春.
14 지금의 헤이룽장성黑龍江省 무단장시牧丹江市 닝안현寧安縣에 해당한다. 17세기 중반 당시 영고탑에는 청나라 군대의 사령부가 있었는데, 현재의 지린성과 헤이룽장성 일대를 관할했다. 따라서 당시 흑룡강을 따라 횡행하던 러시아군을 공격하기 위한 원정군은 일단 영고탑에 집결한 후 출정했다. 이는 1654년의 제1차 원정 때도 마찬가지였다.

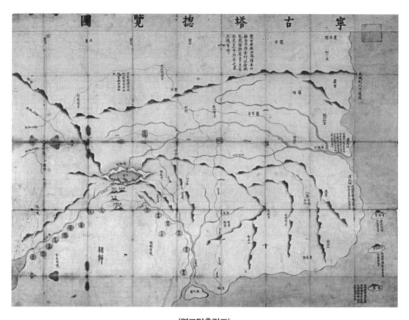

〈영고탑총람도〉

영조 때 만들어진 것으로 추정되며, 영고탑을 중심으로 인근 지형과 교통로를 기록한 지도.
국립중앙도서관 소장

5월 7일, 맑음

백자령栢子嶺 기슭에서 아침을 지어 먹고 한낮에 고개를 넘었다. 고개 안팎의 거리는 거의 60여 리인데 하늘을 찌를 듯이 울창한 잣나무와 노송나무가 해를 가렸다. 적일령敵日嶺이라는 이름을 얻은 것은 아마도 이 때문일 것이다.[15] 노전동蘆田洞에서 숙영했다.

---

15 적일령은 '해와 맞설 만한 고개'라는 뜻이다.

5월 8일, 맑음

말고리未古里 마을 어귀에서 아침을 지어 먹었다. 한낮에 홀가강胡乙可
江[16]에 도착하니, 강에는 거룻배(馬尙船)[17] 다섯 척이 떠날 채비를 한 채 기다
리고 있었다. 배 한 척이 짐 두 바리만 겨우 실을 정도로 작아, 온종일 강을
오가며 짐을 날랐으나 절반을 넘기지도 못했다.

고라이령을 넘은 후에는 도로가 진흙탕이었다. 군사도 말도 다니기 힘들
어, 길 가는 사람은 상처를 입고 말은 병이 들어 온갖 어려운 고비와 엄청난
고생을 겪었다. 이날 단천端川에서 징발한 쇄마 한 필이 쓰러져 죽었다.

5월 9일, 맑음

오후에 군사와 말이 도강을 끝냈다. 저녁에 영고탑에 들어가니, 북문 밖
에 설치한 임시 막사(野次)에서 잠시 머물러 있으라고 했다. 대통관 이몽선
李夢先과 차통관 이기영李起榮이 그곳에 먼저 와 있었기에 그 자리에서 만
나 보았다. 통관들이 말했다.

"대장이 출병한 지 이미 오래돼 지체할 수 없습니다. 군량을 싣고 옮기
는 수레는 이미 정렬해 기다리고 있으니 빨리 올려 실어 보내십시오."

또 말했다.

"오늘은 황제[18]의 명령으로 위로하는 잔치를 베풀 터이니 우리와 함께

---

16 지금의 목단강(무단강)이다.
17 평안도와 함경도에서 군사 이동, 곡물 운반 등에 사용한 작은 배. 통나무를 파서 만들었다.
18 당시 청나라 황제는 3대 황제인 순치제順治帝(재위 1644~1662)였다.

들어가서 참석해야 옳습니다."

그래서 통관들과 같이 아문衙門[19]으로 들어가니, 소위 성주城主라는 자가 인도하면서 접견했는데, 나를 뜰 한가운데에 세우고 고두례叩頭禮[20]를 올리도록 했다. 삶은 고기와 술 석 잔을 차려 놓았는데, 술자리를 마치고 나오니 날은 이미 어두워지고 있었다.

그때부터 날이 밝아 올 때까지 병사들은 군량미를 들어 올리느라 눈을 붙일 수 없었다. 장수들도 여러 날 동안 말을

순치제

달려온 나머지 피곤하고 초췌하기가 말할 수 없었다. 길 떠나는 채비로 매우 바빠 왈가의 사정을 물어볼 만한 곳이 없었는데, 이른바 서양국인西洋國人들이 모습을 드러냈다고들 한다.

5월 10일, 비

아침 일찍 청나라 장수 한 명이 나와 성문 밖에 군사들을 정렬시키고 있었다. 이들과 함께 빗줄기를 무릅쓰고 함께 30여 리를 행군하고 힘들게 조반을 지어 먹었다. 오후에 전문箭門[21]에 도착하니, 대통관 등은 이쪽 가에 장막을 쳐 놓았으며, 대장은 저쪽 가에 주둔하고 있었다. 통관 모두와 함께 대장 막사로 건너가 통관들이 이끄는 대로 뜰 가운데에 서서 상견례를 실행했으며, 다시 차례를 베풀고 마쳤다.

5월 11일, 맑음

조선 포수 200명은 청나라 팔고산八高山[22]에서 각각 스물네 명씩 나눠 통솔했으며, 대통관 등도 스무 명을 거느렸다. 나머지 여덟 명은 이초二哨에 나눠 배속시켰다. 이날은 군량미와 짐바리를 배편에 나눠 실었다.

5월 12일, 맑음

꼭두새벽에 배를 몰아 오후가 돼서야 뭍에 올라 숙영했다. 강 연안의 상·하류 지역은 모두 일찍이 사람이 산 적이 없었기에, 오랑캐들(胡人)[23]도 땅 이름과 원근의 거리를 자세히 몰랐다.

---

21 당시 군대의 진영은 목책으로 두르거나 정문을 대나무 같은 나무로 세웠는데, 전문은 바로 그 진영을 출입하는 정문을 이른다.

22 8기八旗를 말한다. 팔기는 만주족이 군대를 기旗의 빛깔에 따라 여덟로 나눈 군사조직이자 행정조직이다. 처음에는 만주족만으로 조직한 만주8기뿐이었으나, 태종(홍타이지, 재위 1626~1643) 때에 몽골족과 한족에게도 확대해 몽골8기와 한인8기 등 모두 24기를 두었다.

23 호인胡人은 만주 사람을 가리킨다.

18세기 후반 청나라군 장교(좌)와 병사(우)를 묘사한 그림

배는 매우 가볍고 날렵하게 만들었는데, 왈가 오랑캐(曰可之醜)는 노 젓기에 능해 하루에 대략 200여 리를 간다고 한다. 배는 모두 왈가의 배이고 노 젓는 군사도 왈가 사람이라고 한다. 전문 아래 지역은 죄다 왈가 지방이라고 한다.

5월 13일, 맑음

왈가 지방에서 큰 배 열 척을 저어서 왔기에, 고산에 나눠 파견한 병사 예순네 명을 내리게 하고 이 배로 옮겨 태웠다. 대체로 배의 규모는 작고 실어야 할 짐은 무거웠기 때문이다. 이날은 명천 포수 옥립玉立이 탄 거룻

배가 여울을 내려올 때 바위와 부딪쳐 뒤집혔다. 싣고 있던 의복, 군량미, 조총 등이 죄다 떠내려갔으나, 조총은 간신히 건졌다.

5월 14일, 맑음

오후에 왈가 사람 넷이 거룻배 한 척을 같이 타고 강 하류에서 올라왔다. 올라온 이유를 물어보니, "적들이 이미 흑룡강 어귀에 도착했으니, 이달 그믐 이전에 맞닥뜨릴 것입니다"라고 했다.

5월 15일, 비

오전에 송가라강宋加羅江[24] 어귀에 도착해 배에 실었던 짐바리와 군량미를 죄다 내렸다. 고산에 나누어 배속되었던 포수들도 한곳에 포진했다. 대체로 전투선이 와서 정박하기를 기다릴 때였다. 전투선 50여 척을 강가에서 새로 건조했다. 북경北京과 심양瀋陽[25]의 여러 장수, 영고탑과 고산의 네 명이 심양의 갑군甲軍, 북경의 잠수군潛水軍과 함께 이 배를 탈 것이다. 그때는 배가 아직까지 도착하지 않았으므로, 그곳에 머물며 기다리라고 말할 뿐이었다.

이제까지 지나온 강가에서 사람 사는 광경을 전혀 볼 수 없었으나, 오늘

---

24 지금의 송화강(쏭화강)이다. 백두산 천지에서 발원한 송화강은 북으로 흘러 눈강嫩江과 합류하기까지 지린성과 헤이룽장성을 관통하며 흐르다가 중국과 러시아의 국경인 흑룡강으로 들어간다. 총길이는 1960킬로미터다.

25 지금의 선양. 랴오닝성遼寧省에 있다.

지나온 지역에는 10리나 5리를 사이에 두고 마을이 이어져 있었다. 두 강[26]이 합류한 잔잔한 물결은 넓고 멀어 아득하고, 텅 비고 넓은 벌판은 끝이 없어 두 눈은 하늘 끝까지 다다랐다. 고국을 떠난 회포와 어버이 생각에 흘러내리는 눈물을 참으로 견디기 힘들었다.

5월 16일, 낮에는 맑았으나 밤 2경(오후 9~11시)에 바람이 세차게 불고 천둥 벼락이 쳤다

이날은 대장[27]이 불러 만나 보았다. 그의 막사에 가 보니, 길이는 두 줌(把)가량, 크기는 두 아름(圍)가량 되는 이름 모를 큰 물고기가 막사 앞에 놓여 있었다. 나를 보고, "이 물고기를 구경하러 오라고 했소. 구경한 다음에는 돌아가 쉬어도 좋소"라고 말해, 곧바로 알리고 막사를 나왔다.

5월 17일, 맑음

아침에 대장이 소 두 마리를 보내왔기에 군졸들에게 배불리 먹으라는 명령을 내렸다. 대통관 등이 조총 시험 발사를 요청했는데, 과녁을 맞힌 자가 마흔 명이었다. 북경의 잠수군이 많이 왔다기에 통관에게 온 이유와 인원수가 얼마인지 물어보니, "잠수군은 바로 서촉西蜀[28] 출신 사람들로

---

26 홀가강과 송가라강을 가리킨다.
27 당시 청과 조선의 연합군을 이끌던 총사령관을 가리키는데, 영고탑 주둔 청나라 군대의 사령관이던 사이호달沙爾虎達(1599~1659)이 원정군 총사령관을 맡았다.
28 지금의 쓰촨성四川省 지역.

인원수는 100명이며, 물속에서 30여 리를 갈 수 있습니다. 몸뚱이를 배 밑바닥에 붙인 다음 등자철蹬子鐵을 배에 붙여 구멍을 뚫습니다"라고 대답했다.

5월 18일, 맑음

송가라강 어귀에 머물렀다. 대장이 한 명마다 한 발씩 시험 발사를 요청했다. 맞힌 자가 예순다섯 명이어서 군졸들을 배불리 먹였다.

5월 19일, 맑음

송가라강 어귀에 머물렀다. 저녁에 소나기가 쏟아졌다. 청나라 장수가 소 한 마리를 보내와 군졸들에게 나눠 주어 배불리 먹였다.

5월 20일, 맑음

송가라강 어귀에 머물렀다. 강가에서 전투선을 새로 건조했다. 이번 달 6일에 북경의 장수 여덟 명, 심양의 장수 여덟 명, 영고탑의 부장副將 한 명, 고산의 장수 네 명이 심양 갑군과 북경 포수를 거느리고 배를 출발시켰다고 한다. 그런데 머물러 기다린 지 이미 여러 날이 지났으나, 아직까지 소식이 없다. 대체로 가뭄이 찾아온 끝에 수심이 얕아져 큰 배가 걸려 막힌 탓이라고 한다. 또한 강 아래에서 온 사람이 말했다.

"며칠 전에 모습을 드러낸 적들이 죄다 달아났습니다."

그러자 청나라 사람들과 통관들이 매우 낙담해서 말했다.

"혹시라도 달아나 숨어 끝내 나타나지 않는다면, 많은 사람을 동원해 멀리까지 왔는데 매우 안타까운 일이다."

먼 곳도 마다 않고 소굴을 공격하려는 행동은 대체로 알아줄 만하다.

털벙거지
조선시대 무관이 쓰던 모자. 동물의 털을 다져 만들었다. 국립민속박물관 소장

갑오년에 아군이 정벌했을 때,[29] 비록 적병과 여러 차례 교전한 일은 없었으나, 저들 적은 견디지 못해 많은 사상자를 내고 달아나 버렸다. 이 때문에 그 후에 적들이, "머리 큰 사람들(大頭人)이 매우 두렵다"라고 말하기에 이르렀다. 이른바 머리 큰 사람이란 우리나라 군사 모두 털벙거지(毛笠)를 쓰고 있기 때문에 나온 말이라고 한다.

이 말은 대체로 견부락(犬部落) 사람들에게서 나온 듯하다. 견부락이란 바로 왈가 지방과 이어지는 가장 먼 곳이다. 그 땅의 끝머리를 따라 말한다면 바닷가로 점차 나아간다고 한다. 이곳에서 몇 달을 가도 모자란 거리다. 그 땅 사람들은 농사지을 줄은 모르고 물고기만 잡아먹는다. 적들이 오가는 첫머리에 있기 때문에, 적이 쳐들어오면 적에게 붙고 적이 물러가면 청나라에 붙으니, 따르고 등지는 일이 항상 바뀐다. 이들 가운데 청나라 군대에 귀의한 자도 많지만, 귀순하지 않은 사람도 상당하다고 한다.

왈가 오랑캐들은 견부락 사람들과 비교하면 동일한 종자다. 자기 나이도 모르고, 날짜가 몇 해, 몇 달, 며칠인지도 모른다. 성질은 매우 포악해

---

29 1654년에 있었던 제1차 흑룡강원정(나선정벌)을 가리킨다.

조금만 불만이 있어도 활을 당겨 쏴 버린다. 심지어 부모 형제에게도 손찌검과 칼질을 해대는 자들로서 거침이 없으므로, 청나라 장수도 두려워 대비한다고 한다. 청나라 사람들이 가끔 이렇게 말했다.

"노추虜酋[30]들이 언제나 이르기를 '대두인은 두렵다'고 하는데, 이번에 조선 포수들을 와 달라고 요청한 일을 견부락 사람이라면 모르는 경우가 없으니, 견부락 사람으로 적에게 빌붙은 자가 상당히 많아 반드시 기밀이 누설됐을 것이다."

받아들이기 어려운 말이라고 하더라도, 저들이 말하는 게 간혹 이와 같다. 청나라 사람들은 저 적들을 가리켜 노추라고 부른다고 한다.

애당초 북경 포수들이 오는 줄은 몰랐으나, 며칠 전에 비로소 들었다. 통관 이기영에게 몇 명인지 물어보니, 이번에 출정할 포수는 북경과 영고탑에서 온 수백 명 정도라고 한다. 영고탑의 포수는 그저께 아군이 시험 사격을 할 때 함께했는데, 인원수는 100여 명이었다. 포술砲術에 생소한 자가 절반이 넘었는데, 그중에 맞히는 자도 간혹 있었다. 저들이 포수의 재능마저 겸비했다면 정말로 호랑이가 날개를 단 격이라고 할 수 있다. 청군이 만든 포砲는 우리나라의 포도 아니고 일본에서 만든 것도 아니어서 어느 나라의 제품인지 모르겠으나, 병부兵部에서 보내 준 것이라고 한다.

5월 21일, 맑음

송가라강 어귀에 머물렀다. 통관들이 길이 한 줌 남짓, 너비 세 치寸쯤

---

30 야만인 오랑캐를 이르는데, 여기서는 러시아인을 가리킨다.

되는 표지 말뚝을 60보 거리에 세워 놓고 한 명마다 세 발을 시험 삼아 쏘게 했다. 좌초左哨에서 맞힌 자는 예순일곱 명이었다. 그중에서 세 발을 맞힌 자가 세 명, 두 발을 맞힌 자가 여덟 명이었다. 우초右哨에서 맞힌 자는 쉰여섯 명이었다. 그중에서 세 발을 맞힌 자가 두 명, 두 발을 맞힌 자가 열세 명이었다. 경원 포수 박사립朴士立이 시험 발사할 때에 조총이 조각조각 부서져 왼손에 중상을 입었으나 몸을 못쓰게 되지는 않았다. 곁에 있던 사람들도 상처를 입은 경우가 없어 참으로 다행이라고 하겠다.

지난 16일에 대장이 정탐선 한 척을 보냈으며, 19일에는 다시 오랑캐 기병을 육로로 정탐을 보냈다. 모두 가부간에(卓曰) 소식을 보내오지 않으니, 달아나 버렸다는 이야기[31]가 낭설이 아닌 듯하다.

5월 22일, 맑음

송가라강 어귀에 머물렀다. 대장이 사람을 보내 전했다.

"검은 여우와 담비 가죽은 모두 금지 물품이니 군중에서 결코 매매하지 마시오."

5월 23일, 맑음

송가라강 어귀에 머물렀다.

---

[31] 5월 20일 자 기사의 내용을 말한다.

5월 24일, 맑음

송가라강 어귀에 머물렀다. 대장이 사람을 보내 말했다.

"화약을 싣고 오는 전투선이 아직 도착하지 않았으니 영고탑 포수 109명에게 한 명마다 화약 네 발씩 빌려주시오."

그 말에 따라 곧바로 내주었다.

5월 25일, 맑음

견부락 사람 40여 명이 세 척의 배에 나눠 타고 진영 앞에 와서 정박했는데, 대장은 그들을 막사로 불러들이지 않았다. 청나라 군사들이 몽둥이를 쥐고 둘러싸면서 피차 드나들지 못하도록 하니 구금되는 사람까지 생겼다. 그래서 그 까닭을 물어보니, "그들이 바로 적에게 빌붙었던 자들인데, 청군이 대거 출동한다고 미리 알린 기별을 듣고 이제야 올라와 복속했으므로 이런 일이 일어났소"라고 했다. 또 물었다.

"적들이 떠나고 머무르는 형세를 견부락 사람들은 어떻게 이야기하고 있소?"

한 청나라 사람이 대답했다.

"적선 열한 척이 선발대로 이제 막 흑룡강 하류에 도착했으며, 열한 척은 후발대로 올라오고 있다오."

이 사람들은 이전에 적에게 빌붙은 자들이어서 그들의 말을 곧이들을 수 없다. 내일 캐물어야 마땅히 실상을 밝혀낼 수 있는데, 정탐선이 아직 돌아오지 않아 그 사이의 사정은 상세히 알 수 없다고 한다.

이것은 전날에 들은, 달아나 버렸다는 이야기와 어긋나지만 이 소식이 진실인 듯하다. 이날 상류에 살고 있는 오랑캐 70여 명이 배를 타고 와서 군영 앞에 정박했다. 이들 오랑캐는 바로 몽골蒙古을 섬기고 복종하던 자들이다. 그다지 멀지 않은 지역에 살고 있기 때문에 쇠고기와 술을 가득 신고 와서 군사들을 배불리 대접한다고 했다.

5월 26일, 저녁에 바람이 세차게 불고 소나기가 잠시 내렸다

송가라강 어귀에 머물렀다. 견부락 사람들이 말했다.

"적들이 배 한 척을 골간인骨間人에게 빼앗겼으며, 선발대로 열한 척이 올라오면서 노략질해 견부락 사람 아홉 명을 죽였습니다. 열한 척은 후발대로 올라오고 있는데, 그 배의 무게로 따져 보면 5일의 노정이면 머지않아 가까운 지역까지 당도할 것입니다."

또 이르기를, "적은 여러 해 동안 교전하면서 사상자를 내었을 뿐만 아니라 식량이 모자라기 때문에, 이번에는 항복하기로 결정했습니다"라고 전했다.

골간이 어느 지방인지 모르겠으나, 항복하려 든다는 이야기가 교전하기도 전에 갑자기 튀어나왔으니 옳을 까닭이 없는 듯하다. 그 사이의 사정도 헤아리기 어려운 점들이 있으므로 청군 지휘부에서는 견부락 사람들을 하나같이 붙잡아 두고 드나들지 못하도록 했다.

청나라 사람들이 그들의 말을 곧이듣지 않는 이유도 알 만하다. 적선이 경계까지 다가왔는데 북경 군졸과 심양 군졸을 태운 전투선은 소식조차 없다. 대장은 매우 걱정해 어찌할 줄 모르고 있을 뿐이라고 한다. 또한 통관의 말을 들어보니, 이전에 적병 한 명을 사로잡은 적이 있는데, 북경에서는 높은 관직과 후한 녹봉을 내려 주었다. 이번에 온 북경의 여덟 장수 중에 그 사람도 일원이었는데, 아마도 그로 하여금 적을 타일러서 항복받을 미끼로 쓸 것이라고 한다. 이번에 적이 항복한다는 이야기는 견부락 사람들에게서 나왔는데, 청나라 사람들은 비록 믿지는 않으면서도 은근히 바라는 기색이 없지도 않았다.

5월 27일, 맑음

송가라강 어귀에 머물렀다. 정탐을 위해 말을 타고 나갔던 호인胡人 병사 사람 두 명이 돌아와 보고했다. 그들이 흑룡강 어귀에 도착했는데, 적선의 모습은 전혀 보이지 않았다. 마침 하류에서 올라오는 자들에게 물어보니, 적은 지금 견부락 지역에 머물고 있는데, 견부락 사람들에게 배 두 척을 빼앗기고 살육당했으므로 곧장 상류로 올라올 수 없었고, 약탈당할 때 열 명이 피살됐다고 답했다. 그들은 먼저 정탐을 나가서 그곳에 머물고 있던 다른 네 명의 정탐병에게 이 첩보를 들었다고 했다. 이 내용과 어제 들은 적선 한 척을 골간인에게 빼앗겼다는 이야기는 서로 어긋나, 어느 쪽 말이 사실인지 알 수 없다.

견부락 사람들은 앞머리를 바싹 밀지 않는다. 머리털을 두 귀의 뒤로 늘어뜨려 뿔 모양으로 상투를 틀거나, 뒤쪽에 머리털을 묶는 것이 우리나라 아이들의 총각總角머리와 같다. 복색은 왈가와 마찬가지며, 언어는 청나라 사람도 전부 이해할 수 없어 왈가인더러 통역시킨다고 한다. 정말로 별종이라고 하겠다.

5월 28일, 소나기가 티끌을 적셨다

송가라강 어귀에 머물렀다. 이전에 상류의 전투선 형편을 탐지하러 보낸 거룻배 한 척이 해 질 무렵에 돌아와, 며칠 후에 마땅히 전투선들이 와서 정박할 것이라고 했다.

부령 포수 김우일金友一이 얼마 전에 전문에서 배를 몰고 내려올 때에 육지에 내려 밥을 지으면서 화약을 말리다가 실수로 불을 내 한쪽 다리를 크게 다쳤다. 다리가 썩어 문드러져 거의 죽을 지경에 이르렀으나, 며칠이 지나자 점차 회복할 조짐이 나타나니 참으로 다행이라고 하겠다.

5월 29일, 맑음

송가라강 어귀에 머물렀다. 회령 포수 강응방姜應方이 부스럼이 크게 났으나, 진중에서는 갑자기 약으로 치료할 방도가 없다. 앉아서 죽음을 기다려야 할 형편이라 매우 가엾고 불쌍하다. 이 사람의 질병은 오늘 갑자기 발병한 게 아니다. 군사를 뽑을 때에 회령 부사에게 하소연했으나 들어주지 않았다고 한다. 회령 부사가 하는 일이 매번 이와 같으니, 말로 이루 다 설명할 수 없다.

5월 30일, 맑음

적선의 형편을 살펴 듣고자 거룻배 한 척을 보내기로 결정했다.

○ 이번 달 2일에 도강한 후에 통관과 차인들이 군사들을 움직일 날짜가 급박하다고 말하면서 독촉하고 명령하고 행군을 재촉하는 일이 날마다 심해졌다. 하루는 내가 말했다.

"아군이 회령에서 정돈하고 기다린 지 한 달이나 오래됐소. 군사들을 움직일 날짜가 급박해진 것은 정말로 당신들이 온 이후의 일이오. 나중에는 도로가 진흙탕이 돼 군사도 말도 거꾸러졌소. 이처럼 지청구(驅迫)를 그만두지 않는다면 앞길이 까마득하니 도착한다는 생각이나 할 수 있겠소?"

그렇지만 그들은 한층 더 불꽃처럼 기세를 올렸다. 그들은 오로지 말을 채찍질해 앞장서서 산을 넘고 물을 건넜다. 군사와 말이 뒤따를 적에는 피로하고 지쳐 고단하고 파리한 모습이 말로 표현하기 어려웠다.

영고탑에 도착한 날에는 날이 이미 저물었다. 대장은 군사를 내어 강가에 주둔했는데, 내일 아침 일찍 출발해야 하니 일각이라도 지체할 수 없다면서, 군량미를 운반할 수레를 정렬해 군영 앞에 보내 사람과 물자를 실어 나르라고 독촉했다. 수백 섬의 쌀과 콩을 구기(斗) 한 자루로 하룻밤 사이에 되고 실으려다 보니, 형세가 어려워 급한 처지에 거꾸러지는 모습은 말할 겨를조차 없었다. 이런 통에 날짜를 헤아려 가져온 군량미를 많이 상실해 버렸다.

영고탑에 도착한 날에 이미 적선이 나타났다는 말이 있었으며, 전문에서 배를 몰고 올 때도 이미 적들이 흑룡강 어귀에 도착했다는 소식이 있었다. 그때로부터 벌써

구기
술이나 기름, 죽 따위를 풀 때에 쓰는 기구.
국립민속박물관 소장

20여 일이 지났다. 혹은 적이 이제 막 흑룡강 하류에서 사람을 죽이며 물자를 빼앗았다 하고, 혹은 적이 배 한 척을 골간인에게 빼앗겼다 하고, 혹은 배 두 척을 견부락인에게 빼앗겨 살육을 당하자 달아나 버렸다고 운운한다. 항복하려 든다는 소식마저 다시 바뀌어 100가지 이야기가 나왔는데, 어느 이야기가 올바른 사실인지 모르겠다. 청나라 사람들이 실제 사실을 속이고 거짓말한(蒙密) 게 아니라면, 그들의 적군 정탐도 매우 허술하다고 말할 수 있겠다.

○ 이번 5월에는 가뭄이 무척이나 심했다. 4일에는 온종일 비가 내렸으나 대지를 고루 적시기에는 미치지 못했다. 그 후에 소나기가 자주 내렸지만 티끌을 적시는 데 불과할 따름이었다. 차가운 바람이 날마다 불어 들판의 풀포기는 죄다 시들었고, 배는 무거운데 강물은 줄어드니 가야 할 물길이 걱정스럽다.

6월

6월 1일, 맑음

송가라강 어귀에 머물렀다.

6월 2일, 맑음

송가라강 어귀에 머물렀다. 저녁에 상류에서 전투선이 와서 정박했다. 도원수都元帥와 부원수副元帥가 타는 상선上船 네 척은 배 모양이 우리나라 전투선과 같다. 모두 판옥板屋을 둘렀는데, 지붕만 없을 뿐 단청으로 단장한 배는 사치스럽고 화려했다. 만듦새는 단단하고 촘촘해, 우리나라 배처럼 거칠고 엉성하지 않았다. 중대형 배는 서른여섯 척인데 상선보다 조금 못했다. 중소형 배는 열두 척으로 우리나라 병선과 같은 구조며 돛(風席)은 모두 하얀 무명으로 깃발을 만들어 매우 선명했다.

대체로 지난해 8월부터 공사를 시작해 올해 4월에 끝냈는데, 장인은 모두 한인漢人으로 인원수는 600명이며, 노 젓는 일도 같이 맡았다고 한다. 크고 작은 포들은 50좌坐이며 포수는 100명이라고 한다.

6월 3일, 맑음

송가라강 어귀에 머물렀다. 가져온 석 달 치 식량은 7월이면 마땅히 바닥이 날 것이다. 이제부터 이곳에서 40일 치 식량을 더 지급받는다. 그런데 만약 이 양식마저 떨어진 후에야 고국으로 돌아가게 된다면, 돌아갈 기약이 더욱 아득해지니 가슴속 심사는 더욱 절절하고 아득하다.

우리 포수를 다시금 팔고산에 나눠 배속시켰는데, 회령 사람 강응방과 부령 사람 김우일은 병이 들었기 때문에 뒤에 떨어졌다. 군속 세 명도 배가 이미 만선이 된 탓에 배에 오르지 못하고 뒤에 처졌다.

6월 4일, 맑음

송가라강 어귀에 머물렀다. 각각의 고산에 스물다섯 명씩 나누어 배속된 조선 포수들은 선박마다 각기 다섯 명씩 승선했는데, 중국 포수(唐砲手) 다섯 명과 갑군 스물다섯 명도 함께 나누어 탔다. 좌초관 박세웅과 대통관 김대헌은 같은 배에 타고 선봉을 맡았으며, 우초관 신성일과 대통관 이몽선이 같은 배에 타고 후영後營을 맡았다. 차장次將 한 명은 선봉이 되고 한 명은 중군이 되었다. 내가 탄 배와 대장선은 후영 가운데에 자리를 잡았다. 저녁에 차례대로 배에 올랐다.

6월 5일, 맑음

새벽에 송가라강 어귀를 떠났다. 선체는 무거웠으나 순풍에 돛을 달았으니 행보가 매우 빨랐다. 미시未時(오후 1~3시)에 약사 마을(藥沙家善)에 도착해 닻을 내려 멈추고 숙영했다. 그 사이의 거리를 육로로 따지면 7~8일의 노정이라고 한다. '가선'이란 바로 호인의 촌락을 이른다. 이곳의 호인

한 명이 볼일로 강 하류에 갔다가 돌아와서 하는 말이, 적선이 흑룡강 어귀를 떠나 그대로 상류로 올라오고 있는데, 며칠 후에는 맞닥뜨릴 것이라고 했다.

6월 6일, 소나기가 잠시 내렸다

왈가 마을의 한 여자가 이전에 적들에게 사로잡혔다가 몸값을 내고 풀려나 돌아온 적이 있었다. 대장이 그 여자를 불러 적의 사정을 물어보았다.

"적선은 열서너 척가량입니다. 모두 새로 건조해 모양이 크고 배 위에는 두루 판옥을 만들어 놓았는데, 격군格軍[32]과 포수는 모두 판옥 위에 거처하며 스스로 말하기를, '우리는 수효가 적고 적들은 수효가 많지만 마주치면 결사적으로 싸울 따름이다'라고 했습니다"라고 했다. 이로 보아 전날에 들은 내용과 크게 달라 둘 사이의 진위를 알기 어렵다.

6월 7일, 맑음

약사 마을로부터 강을 따라 아래쪽의 좌우에 옛날에는 마을이 늘어서 있었으나, 적선이 침략한 이후에는 모두 달아나 숨어 폐허가 돼 버렸다고 한다.

---

32 배에서 노를 젓는 수부水夫를 이른다.

6월 8일, 맑음

적선 세 척이 흑룡강 어귀에 도착했다가 배를 돌려 하류 쪽으로 물러나 견부락의 허전虛田 지방에 머물러 있다고 한다. 흑룡강 어귀에서 하류 쪽으로 닷새 정도의 거리라고 한다. 미시에 열벌 마을(列伐家善)에 도착해 멈추고 숙영했다.

6월 9일, 맑음

열벌 마을에 머물렀다. 대장이 바로 이곳 출신의 오랑캐(種胡)다. 노호老 胡[33]가 건주위建州衛[34]로 근거지를 옮길 때 따라가 그 후의 정벌에서 여러 차례 공을 세웠다. 병자년丙子年(1636, 인조 14)에 우리나라를 침략했을 때는 물헌장勿軒將으로 종군했다. 물헌은 바로 부원수다.

이제는 북해왕北海王에 봉해졌는데, 적선이 왈가를 침략하므로 북경에서 영고탑을 진무하라고 보낸 지 7년이 되었다. 따라서 자기 고향으로 돌아가고 싶은 소원과 맞아떨어진 것이다.

---

33 여진족을 통일하고 후금後金을 건국한 누르하치奴兒哈赤(재위 1616~1626)를 가리킨다. 나중에 청나라 태조로 추존되었다.

34 명나라의 영락제永樂帝(재위 1402~1424)가 만주의 남쪽에 살고 있는 여진족을 통제하기 위해 설치한 위衛를 이른다. 위는 본디 군사상의 요충지에 설치한 일정 규모의 부대를 가리키는 말이었는데, 나라 밖에 설치하면서 부대가 주둔하는 부락의 명칭이 됐다. 건주위는 1403년 처음 설치되었으며, 장소는 길림吉林(지린) 부근의 휘발천輝發川 상류라고 한다. 얼마 후 두만강 가의 회령에 건주좌위建州左衛가 설치됐으며, 이어 동쪽에 모련위毛憐衛·우위右衛가 증설됐다. 건주위는 나중에 혼하渾河(훈허강) 부근으로 이전했는데 이때 좌·우위가 같이 이동했다. 건주위는 세력을 계속 확대했으나, 1567년에 명나라와 조선의 협공을 받은 이후 주춤했다. 1589년에 건주좌위 추장 누르하치가 건주 3위를 통일하고 만주 일대의 강자로 급부상했다.

6월 10일, 저녁에 보슬비가 내렸다

이른 아침에 열벌 마을을 떠나 흑룡강 어귀를 지나 20여 리쯤 내려 가니, 적선 열한 척이 닻을 내리고 강 가운데에 주둔하고 있었다. 모든 배가 노 젓기를 재촉해 적선을 향해 곧장 다가가자, 적선은 돛을 올리고 하류로 10여 리를 달아나 강가 언덕에 의지해 배들을 연결시켜 놓았다. 적의 병사들은 판옥 위에 올라 관망하면서 정찰하고

누르하치

있었다. 모든 배가 번갈아 들락날락하면서 적선과의 거리가 한 마장쯤 떨어졌을 때 일제히 대포를 쏘면서 교전에 들어갔다.

적선도 대포를 쐈는데, 이 같은 전투가 몇 차례 이어졌다. 후영, 전위, 중군의 모든 배가 일시에 곧바로 공격에 임했다. 대포를 쏘면서 총탄과 화살도 빗발치듯 발사하니 전세는 숨 가쁘게 돌아갔다. 적의 병사들은 판옥 위에 있다가 우리가 쏘는 대포를 대적해 낼 수 없자, 모두 판옥 아래로 숨어들거나 배를 버리고 달아나 풀숲 속에 숨기도 했다. 모든 배가 적선을 에워싸면서 쇠갈고리로 끌어당겨 적선에 바짝 붙으면서, 사수와 포수가 함께 적선 위에 뛰어올라 배 한 척을 불태우는데, 대장이 불태우지 말라고

분부했다. 사수와 포수는 수풀 속을 향해 총탄과 화살을 셀 수 없이 쐈다. 수풀 속에 숨어 엎드린 적들도 대포를 쏴 댔다.

이때에 아군과 청나라 병사(胡人)도 약간의 사상자를 냈다. 적선을 단번에 불태워 버렸다면, 적은 사람인지 짐승인지 구분을 못 할 정도로 전멸시킬 수 있었을 것이고, 아군도 손실이 없었을 것이다. 적선을 불태우지 말라는 분부는 대장이 재물을 탐하는 마음에서 나온 것이다.

사수와 포수들이 본래의 배로 돌아와 적선을 에워쌌다. 이때 적군과 아군의 거리는 한 걸음도 되지 않았는데, 적들이 판옥 아래의 포혈砲穴에서부터 연속으로 포를 쏴, 우리 배에서 총탄에 맞아 죽거나 다친 자가 매우 많았다.

길주의 윤계인尹戒仁과 김대충金大忠, 부령의 김사림金士林, 회령의 정계룡鄭季龍, 종성의 배명장裵命長과 유복劉卜, 온성의 이응생李應生 등 일곱 명은 총탄에 맞아 그 자리에서 죽었다. 갑군과 사공들도 죽거나 다치는 자가 속출했다. 이에 급히 불화살을 쏴 적선 일곱 척을 잇달아 불태웠다. 날이 이미 저물어 가자 배 세 척더러 닻을 내려 파수把守하도록 하고, 나머지 배들은 건너편으로 돌아와 정박하고 배를 잇대어 밤을 새웠다.

애당초 아군이 다퉈 가며 적선에 뛰어오를 때에 명천 포수들이 탄 배의 사수와 포수는 배를 비우고 모두 적선에 뛰어올랐는데, 언덕에 내렸던 40여 명의 적병이 그 배를 빼앗아 강가를 따라 상류로 끌고 올라갔다. 이에 후영의 모든 선척이 일시에 곧바로 뒤쫓았다. 내가 탄 배도 앞장서서 돌진했다. 우리 모든 선척이 그 배를 물고기 꿰듯 에워싸니, 줄을 매어 배를 끌고 가던 적병들은 달아나 숲속으로 숨어들었다. 청나라 갑군들이 배에 뛰어올라 적병 40여 명을 활로 쏘고 칼로 베어 죽였다. 적선은 본디 열한 척이었는데, 일곱 척이 불에 타 버렸고 네 척만 남았다. 대장이 배에 실린 재물과 보화를 탐내 화공을 꺼린 데다가, 날마저 저물었기 때문에 배 세 척더러 파수하도록 했다. 밤이 깊은 후에 네 척의 적병들은 모두 한 척의 배에 모여 타고 달아났다. 파수하던 배는 칠흑 같은 밤이어서 뒤쫓을 수 없었다.

이날 회령 포수 서계수徐戒守, 박춘립朴春立, 이두남李斗男, 종성의 박희린朴希獜, 길주의 박진생朴眞生, 박승운朴承云, 박승길朴承吉, 부령의 관노비 충성忠成과 정중립鄭仲立, 회령의 정보원鄭甫元, 온성의 이충인李忠仁, 경흥의 남사한南士漢, 김대일金大一, 경성의 나잇동羅伋叱同, 명천의 김계승金戒承 등이 총탄에 맞아 중상을 입었다. 회령의 김일남金一南과 전사남全士男, 종성의 신경민申景民과 박소봉朴所奉, 부령의 정옥鄭玉, 길주의 장솟지張小叱知, 장승립張承立, 김옥지지金玉只之, 양득앵梁得罵, 박기련朴己連, 부령의 관노비 애충愛忠 등도 총탄에 맞았으나 중상까지는 이르지 않았다.

적선에 타고 있던 왈가 여자 포로 100여 명이 강가 언덕에 올라 살려 달라고 부르짖어 곧바로 거두어들였다. 그 나머지 적의 무리들은 배 속에서 불에 타 죽거나 강가 언덕에 뛰어내렸지만, 총탄과 화살에 맞아 죽은 시체들이 서로서로 베고 누워 있거나 깔고 엎드려 있었다.

6월 11일, 보슬비가 내렸다

대장이 사람을 보내, 적선을 내줄 테니 이 배의 나무로 전사한 조선 포수들을 불에 태워 저승으로 보내 주라고 말했다. 나는 우리나라 풍속에는 시신을 화장하는 일이 없으니 결단코 불태울 수 없으며, 만리절역萬里絶域

에서 갑자기 시신을 거둬 고국으로 돌아갈 방책도 없으니, 어쩔 수 없이 우리나라 풍속에 따라 매장하겠노라고 말했다. 대장도 옳다고 여겼다. 나는 곧바로 명령을 내려, 전사자 시신을 같은 고향 출신끼리 모아 언덕 위 조금 높은 곳에 거둬 묻어 주었다. 멀리 이역까지 왔는데, 모래나 자갈밭에 해골을 내버려 두려니 애처롭고 가엾기만 하다.

대장은 적선 속의 재화를 찾아내 죄다 자기 수입으로 삼았으며, 저들 군사와 우리 군사가 얻은 물건도 모조리 빼앗아 갔다. 아군이 얻은 물건은 조총 외에는 본디 다른 물건이 없었는데, 그 조총마저도 죄다 빼앗겼다. 이날은 싸움터에 머물렀다.

6월 12일, 보슬비가 내리고 세찬 바람이 불었다

싸움터에 머물렀다. 중상을 입었던 온성 포수 이충인이 죽었다. 이날은 전투의 공훈을 조사했다. 호인 여럿이 공적을 다퉜으므로 결정을 내리기가 힘들어 오래 머물 것이라고 한다.

적선은 몸체가 매우 크고 배 위에는 두루 판옥을 만들어 놓았다. 판옥은 처음에 폭넓은 판자를 사용해 서까래 나무를 대신했으며, 다시 작은 나무로 얽어매고 자작나무 껍질을 씌웠다. 그 위는 흙으로 덮고 흙 위에는 다시 널빤지를 덮었다. 육지의 집도 견고하기로는 이를 거의 넘어서지 못할 것이다. 삼나무 널빤지는 통나무로 만들어 완전하고 견고하도록 힘을 들였다. 그러니 홍이포洪伊砲라고 할지라도 아마 쳐부수기 힘들 것이다. 판옥 위에는 두꺼운 널빤지를 둘러 세워 방패로 삼았다. 전투 당시 적병들이 판옥 아래로 들어가지 않았거나 강가 언덕으로 뛰어내리지 않고 맞서서 교

홍이포

1604년 명나라 군대가 네덜란드와 전쟁을 치를 때에 중국인들은 네덜란드인을 '홍모이紅毛夷 (붉은 머리털을 한 오랑캐)', 네덜란드인들이 사용하던 대포를 '홍이포'라고 불렀다. 전쟁 당시 중국인들은 이 대포의 파괴력에 크게 압도돼 1618년 홍이포를 수입했고, 1621년에는 복제품을 만들어 낼 수 있는 단계까지 이르렀다. 조선에서는 병자호란 때 청나라 군대가 가져와 사용한 것이 처음이며, 인조 때 정식으로 들여왔다. 네덜란드인으로 제주도에 표류한 벨테브레이(박연) 등이 훈련도감에 배속돼 조선군에게 홍이포 제작법과 사용법을 가르쳤다. 실학박물관 소장

전했다면, 승패는 알 수 없었을 것이다. 적들의 사격 기술도 절묘해 종전에 청나라 사람들이 패배를 당하면 그 수를 모를 만큼 사망자가 많았다. 이번에는 한나절 교전에 모든 배가 싸움에 져서 가라앉았으니, 성공과 실패는 운수에 있지 무기에 있지 않음을 이제야 알겠다.

달아나 숨었던 적병 10여 명이 풀숲 속에서 나와 살려 달라고 하자, 대장은 죽이지 말고 각각의 배에 나눠 태우도록 했다. 청나라 사람들은 적군이 풀숲에 숨어 있을지도 모른다는 생각이 들어 갑군과 포수에게 들판을

샅샅이 수색하라고 명했다. 총탄이나 화살에 맞아 죽은 적병들이 풀숲 속에서 서로 포개지다시피 널브러진 모습을 발견할 수 있었다.

적병의 얼굴 생김새와 머리카락은 남만인南蠻人[35]과 아주 닮았는데, 얼굴 생김새는 남만인보다 모질고 사나웠다. 남만인이 아니라고 할지라도 반드시 남만과 가까운 이웃의 오랑캐(醜)일 터다. 대통관 이몽선은 이들이 바로 오로소吳老素 차한국인車漢國人[36]이라고 말했지만, '차한'은 이전에 들은 적이 없는 나라이기에 또한 그게 맞는지는 알 수 없다.

6월 13일, 흐림

싸움터를 떠나 흑룡강 어귀로 돌아와 멈추고 숙영했다. 청나라 사람과 사공의 사망자 수를 두고 그들이 분명하게 말하지 않고 있지만, 아마도 60~70명을 넘어서지는 않는 듯하다. 심양에서 온 고산이 한 명, 영고탑의 보십고甫十古 한 명이 총탄에 맞아 죽었다고 한다. 보십고는 우리나라의 초관에 해당하는 장교다.

이전부터 청나라 사람들은 이들 적과 세 차례나 크게 싸웠다. 한 번은 100여 명이 총탄에 맞아 전사했고, 다른 한 번은 400여 명이 총탄에 맞아 전사했으며, 마지막 한 번은 각각의 고산이 겨우 네댓 명만 살아남았다. 지난해에도 고산 세 명이 전사했는데, 중상자는 그 수를 모른다고 한다.

---

35 남만인은 중국 역사에서 남쪽에 사는 이민족을 일컫던 말이지만, 근세 이후에는 서양인을 가리키는 용어로 사용하기도 했다. 여기에서는 후자로 보인다.

36 러시아 황제를 일컫는 '차르Tsar'의 신민臣民이라는 의미다. 오로소는 러시아의 음역인 아라사俄羅斯와 발음이 비슷하다.

그래서 이 적들이 걱정거리가 돼, 이러한 극한까지 온 것이다. 이번 전투에서 전사자가 많이 발생했지만, 그래도 승전에 고무되지 않은 청나라 사람은 없었다. 왈가와 견부락 사람들은 적들의 죽은 시체를 샅샅이 찾아내 조각조각 베고 뼈마디를 끊어 버렸다.

6월 14일, 흐림

동풍이 때맞춰 세차게 부니 배는 나는 듯이 나아갔다. 가고 오는 길에 모두 순풍을 만났으니 하늘의 뜻이 우리를 도와주었다고 이를 만하다. 적선은 바다 어귀로부터 올라온 것이 아니다. 흑룡강 상류에서 배를 타고 내려왔으니, 그 나라가 흑룡강 상류에 있는지 아니면 육지로 나와 흑룡강에 도착해 배를 탔는지 알 수 없다. 흑룡강 상류는 몽골 지방에서 발원한다고 하니, 그 나라가 상류에 있지는 않은 듯하다. 이 적들이 침략해 온 지 이미 10년이 지났으니, 본디 근거지로 돌아갈 날은 사라졌다. 겨울에는 토성을 쌓아 머물고 여름에는 배를 타고 왈가나 견부락 지방을 침략한다. 이 말은 오랜 세월 포로로 붙잡혀 있던 왈가 여자의 입에서 나왔으니 응당 진실일 테다.

청나라 사람들도 이 적들이 자기 나라에서 죄를 지어 본거지로 돌아가지 못한 채 육지를 거쳐 흑룡강 상류로 나와 배를 만들어 타고 침략해 왔다고 한다. 대체로 그들의 소굴이 어느 지방에 있는지는 청나라 사람들도 모른다. 우리나라 사람들은 흔히 백두산白頭山에서 흘러나온 한 줄기 물이 북쪽으로 흘러 흑룡강을 이룬다고 하는데, 이 말은 잘못이다. 흑룡강 상류는 몽골 지방에서 발원하는데, 송가라강이 바로 백두산에서 북쪽으로 흐르는 물줄기라고 한다.

6월 15일, 맑음

바람은 고요하고 수심이 얕아 뱃길이 매우 느렸다.

6월 16일, 맑음

머물러 숙영하는 곳에서 이날 고산 한 명을 먼저 앞서 보내 북경에 승첩을 전하는 보고를 올리도록 했다. 전사한 우리 조선인 포수 여덟 명과 중상을 입은 포수 스물여섯 명의 이름도 그 보고문 속에 모두 들어 있으며, 중상을 입은 포수는 일일이 자세히 살펴 경중에 따라 다섯 등급으로 나누어 결정했다. 저들의 갑군과 사공沙工의 사상자도 같은 기준으로 처리했다. 갑군 전사자는 90여 명이고 사공 전사자 30여 명인데, 총탄에 맞았으나 죽지 않은 자가 200여 명이라고 한다.

6월 17일, 맑았다가 저녁에 소나기가 잠시 내렸다

바람이 불지 않아 뱃길이 더디니, 고국으로 돌아가고 싶은 생각에 참으로 괴롭다.

6월 18일, 맑음

6월 19일, 저녁에 소나기가 잠시 내렸다

6월 20일, 맑음

불같은 가뭄더위가 매우 지독해 나그네 마음이 타는 듯하다. 날마다 서풍이 부니 뱃길 더디기가 소걸음 같다. 돌아가고 싶은 생각에 마음만 다그치니 하루가 1년이로다.

6월 21일, 맑음

때맞춰 동풍이 부니 뱃길이 매우 빨라졌다. 술시에 병영兵營의 관문關文(공문서) 두 통이 도착했다. 하나는 5월 24일에 나온 것이고, 하나는 6월 2일에 나온 것이다. 예부禮部[37]에서 보낸 것인데, 군량을 계속해서 운반해 지원을 중단하지 말라는 내용이었다. 군대를 움직이는 날짜가 더딘지 빠른지 여부를 알고자 했으며, 영고탑의 곡물 가격도 물었다. 진퇴와 교역의 계책으로 삼으려는 것이다. 돌아갈 날짜가 머지않아 천 리 길에 군량을 운반하는 노고에서 벗어나게 되었으니, 참으로 다행이라고 하겠다.

대장이 거룻배 한 척을 내주면서 회신(裁答)을 먼저 보내라고 했다. 그렇지만 마침 순풍이 세차게 불어 거룻배의 행선行船이 큰 배의 빠른 속도에

---

37 청나라의 6부 가운데 하나로, 조선의 예조禮曹에 해당한다. 당시 외교 관련 사안은 모두 예부에서 관할했는데, 군사를 담당하는 병부兵部가 아니라 외교를 담당하는 예부에서 온 자문咨文(조선과 중국이 주고받던 공문)이므로, 그 내용은 대개 조선군의 동태와 관련한 것이다. 군량 문제도 조선군에게 군량을 계속 지원하라는 의미로 읽어야 한다.

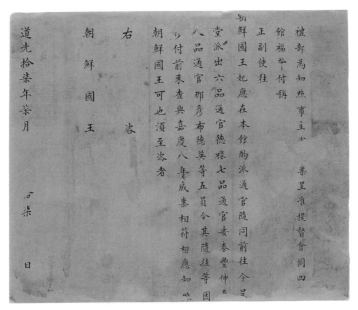

청나라 예부에서 보낸 자문 국립중앙박물관 소장

미치지 못하겠기에, 송가라강 어귀에 도착해서 정박하기를 기다렸다가 회신하겠다고 알렸다.

6월 22일, 맑음

순풍이 잇따라 불었다.

6월 23일, 맑음

6월 24일, 맑음

아침 무렵 송가라강 어귀에 도착했다. 정말로 거룻배 한 척을 내주기에 병사 이환李還더러 답서를 지니고 가라고 명령하고 내보냈다. 저녁에 훌가비라忽可非羅로 거룻배를 끌고 올라갔다.

6월 25일, 맑음

아침 일찍 대통관 이몽선과 김대헌 등이 이환을 이끌고 와서 대장의 말을 전했다.

"적들이 아직 남아 있어 갑자기 철군할 수는 없소. 이곳에 머물렀다가 8월에서 9월 초 사이에 영고탑으로 돌아가시오. 모름지기 이러한 내용으로 문서를 고쳐 써서, 군관 한 명더러 지니게 해서 회령으로 보내 식량을 운반하라고 명령을 내리시오."

내가 대답했다.

"적들을 무찌르지 못해서 다시 교전해야 할 일이 있다면, 한 나라의 물자와 인력을 죄다 소비해 군량을 운반해 오는 일도 감히 마다하지 않겠소. 이제 적들을 이미 무찔러 다시 변란을 기다려야 할 일이 없는데도, 뜻밖에 식량을 운반해 오라는 조치가 나왔소. 조선의 북쪽 지방 백성들의 능력으로는 오래 견뎌 내면서 스스로 보존하기 어렵소. 통관은 모름지기 우리나라가 충분히 고민을 다했다는 모습을 헤아려 좋은 말로 대장에게 주선해 주시오. 이제부터 40일 치 식량을 더 지급받아 계속해서 사용하라고 특별히 허가해, 원거리 수송의 수고를 벗어나게 해 주면 더할 나위 없는 다행이겠소. 하물며 지금은 영락없는 장마철이어서 회령과 영고탑 사이의 큰 시내를 자주 건너야 하니, 반드시 군량이 빗물에 젖어 썩게 되는 걱정을 덜기 어렵소. 한갓 백성의 힘만 낭비하고 끝내 쓸모가 없어진다면 또한 애석하지 않겠소?"

통관들이 말했다.

"도원수와 부원수가 이미 완전하게 결정한 것일 뿐만 아니라, 이번 식량을 계속 운반하는 일은 황제의 명령에서 나온 것이어서 결코 주선해 달라고 요청할 도리가 없습니다. 한시바삐 거행해야 할 따름입니다."

우리가 계속 여기에 주둔해야 한다는 결정은 뜻밖에 나온 것이었다. 심지어 군량마저 우리가 스스로 마련해 수송해야 한다니, 앞일을 곰곰이 생각하니 안타까운 고민이 그치지 않았다. 저녁에 군관 박대영朴大榮이 회령으로 떠났다.

6월 26일, 맑음

6월 27일, 맑음

저들이 비록 "적들이 아직 남아 있기에 철군은 불가하다"라고 했지만, 패해서 도주한 배 한 척이 다시 침략해 올 까닭은 결코 없다. 따라서 반드시 그 도주한 적선 때문은 아니라고 생각하지만, 이러한 사단이 일어나고야 말았다.

애당초 송가라강에 주둔하고 있을 때 청나라 사람들에게 들었다.

"지난겨울에 적들이 흑룡강 상류에 많이 와서 크고 작은 배 1000여 척을 만들어 대거 침략해 올 계책을 꾸몄소."

따라서 청나라 사람들의 의구심이 크게 일어나, 애초 흑룡강을 향해 전진하던 선단이 열벌 마을에 이르자 그곳에서 하루를 머문 것이다. 여러 장수는 모두, 흑룡강을 지난 후에 대군이 상류로부터 내려와 가로막아 버린다면 아래위로 적을 맞이하게 돼 진퇴유곡進退維谷[38]의 지경에 빠져 버리니, 머물러 흑룡강 어귀를 방어하면서 형세를 살펴 나아가든 물러나든 만전을 기해야 한다는 견해를 펼쳤다. 그런데 대장만 홀로 이런 이유로 행군을 멈추는 것은 불가하다면서, 마땅히 계속 전진해 저 적군을 섬멸해야 할 뿐이지, 상·하류 양쪽에서 적을 맞이할지도 모른다고 염려할 바가 아니라고 주장했다.

이튿날 선단이 흑룡강을 빠져나와 다시 송가라강으로 접어들었다. 이번 싸움에서 승리하고 회군하려고 뱃머리를 돌린 후에 어둡고 깊은 밤을 따지지 않고 상류로 올라와 흑룡강을 벗어난 것은 아마도 상류로 먼저 올라간 적선 일부가 다시 내려와 공격할까 두려웠기 때문일 터이다. 이곳에 도착한 후에 이처럼 주둔하는 일이 거론된 것도 적선이 오는지 아닌지 관망하려는 까닭이다. 이로 보아 흑룡강 상류에서 적들이 배를 많이 만들었다는 이야기는 진실인 듯하다.

사로잡은 적병 포로들은 각각의 배에 나눠 태웠는데, 우리가 탄 배 안에도 한 명을 두었다. 그놈에게 그들의 허실을 물어보니, "지나간 겨울에 나와 배를 만들었다는 기이한 소문을 알고는 있습니다. 피차가 오고 간 일이 달리 없기에, 그게 사실인지 거짓인지는 자세히 모릅니다"라고 했다. 적에게 사로잡혔던 왈가 여인의 말도 마찬가지였다.

적군 포로의 말을 비록 신뢰할 수는 없을지라도, 왈가 여인이 굳이 말을

---

38 골짜기에 갇혀 이러지도 저러지도 못하는 처지라는 의미다.

꾸며 낼 까닭은 없을 듯하니, 두 사람이 이러쿵저러쿵한 바는 서로 얼추 들어맞는다고 하겠다. 적이 과연 상류에서 배들을 건조한 일이 있었다면, 어떻게 그 기이한 소문을 듣기만 하고 사실인지 거짓인지 자세히 모를 리가 있겠는가?

이 포로가 또 말했다.

"애당초 그들의 소굴에서 나온 때가 4년 전이었으며 그 후에 이곳에 도착했습니다."

과연 그렇다면, 어째서 4년이나 허비해 남의 나라 경계를 넘어 땅을 놓고 다툴 리가 있겠는가? 믿을 수 없음이 아주 명확하다.

우리가 계속 주둔하는 일은 뜻밖이어서 정말로 그 곡절을 알 수는 없으나, 적이 상류에서 배를 만들었다는 첩보가 거짓이 아니고 사실이라면, 뒷날에 또한 이러한 조치가 반드시 있을 것이니,[39] 진실로 사려 깊지 못하다.

적들은 자신들의 나라 이름이 오을소吳乙素라고 하니, 이몽선이 말한 오로소와 음이 같아 같은 나라인 듯하다. '오을소'와 '오로소'의 어긋남은 아마도 말소리가 같지 않을 따름이라고 하겠다.

6월 28일, 소나기가 잠시 내렸다

영고탑의 호인 한 명이 우리 진중에 볼일로 왔기에, 회령 통사가 그곳을 떠났는지 아직 머물고 있는지 물어보았다. 그가 대답했다.

---

39 전투가 끝났는데도 조선군을 계속 붙잡아 두는 이번 일이 전례가 되어, 훗날의 출정이 근심스럽다는 의미다.

"북경에 보고서를 올리려 앞서 출발했던 고산이 영고탑에 도착해서 전한 내용이 적을 무찌르고 회군 중이라는 기별이었기 때문에, 그 소식을 들은 회령 통사는 머물러 기다리지 않고 곧장 떠났습니다."

또한 박대영과 마주쳤는지 마주치지 않았는지 물어보니, 어제 마침 마주쳤는데, 그가 곧 이곳으로 올 것이라고 했다. 회령 통사가 조선군이 계속 머물러야 한다는 소식은 모른 채 전군全軍이 승리해 영고탑으로 회군한다는 소식만 듣고 출발했으니, 식량을 운송하는 일40은 반드시 주지했을 것이다. 그런데 박대영이 떠난 후에 우리 조선군의 군량 보급 문제가 다시 정돈됐으니,41 그 사이에 이 군량 사안이 지체돼 사정이 뒤바뀔까 매우 걱정스럽다.

6월 29일, 맑음

홀가비라를 떠나 신응기扸應基 마을에 도착했다. 이 이동 거리는 겨우 10리쯤 떨어져 있지만, 여울이 급하고 수심이 얕아 이틀 동안 배를 끌고 올라와 겨우 모든 배를 도착시켰다. 전군이 계속 주둔하는 일로 북경의 부원수와 대장(원수)이 서로 큰소리로 질타하며 다투었다. 북경에서 온 부원수가 말했다.

"북경의 갑군과 조선 포수는 적을 토벌하기 위해 왔을 뿐이니, 적을 쳐부순 후에는 계속 여기에 주둔해야 할 이유가 전혀 없소. 하물며 조선 포

---

40 조선군에게 식량을 계속 제공하라고 지시한 청나라 예부의 공문 내용을 가리킨다.
41 조선군의 주둔에 따른 식량을 조선에서 직접 운송해 오라는 원정군 대장의 결정을 이른다.

수는 바로 만 리 먼 길을 온 사람들이라, 하루라도 붙잡아 두는 일은 더욱 부당하오. 적을 처부순 후에 계속해서 식량을 운반하라는 명령을 다시 내린 일은 매우 근거가 없으니, 되도록이면 빨리 내보내는 편이 낫소.”

그러나 대장은 단단히 고집을 부리며 허락하지 않았다. 부원수가 다시 말했다.

“군대를 요청해 적을 토벌하는 일은 적의 재물을 얻기 위함이 아니라, 바로 백성을 위하고 해악을 없애기 위한 것이오. 애당초 대장 당신이 적선을 불태우지 말라는 명령을 내리는 바람에 일부 적선이 도망갈 수 있었소. 이는 재물을 탐한 당신 때문에 발생한 결과인데, 이제 와서 적들이 아직 남아 있다고 말하면서 붙잡아 두어 부당하게 병사들을 머물게 만들고 있소. 남아 있는 적이 다시 소요를 일으킬 우려가 있다고 하더라도, 어떻게 감히 병사들더러 계속 있어 달라고 요구한단 말이오? 나는 북경에 돌아가서 당연히 황제에게 보고를 올리겠소이다.”

여러 차례 두 사람이 서로 꾸짖으며 따지다가 끝내 좌우 언덕에 나눠 내려 포진했다. 대장이 소 한 마리를 보내 병사들에게 나눠 먹였다.

○ 이번 6월은 지나간 달에 비해 가뭄이 더욱 지독했다. 소나기가 자주 내렸으나 티끌을 적시지도 못하고 그쳤다. 그런데도 보리, 밀, 기장, 조 등이 말라 시들어 버리는 지경까지 이르지는 않았으니 이 땅의 토지가 비옥함을 알 수 있다.

○ 사로잡은 적병 포로들이 말하기를, 이번 교전이 있기 전에 작은 배 일곱 척이 약탈하기 위해 흑룡강을 따라 상류로 올라갔다고 했다. 적에게 사로잡혔던 왈가 여인도 이르기를, 교전이 있기 며칠 전에 적은 정탐을 위해 작은 배 세 척을 상류로 올려 보냈는데, 그들은 보잘것없는 작은 배로 대군大軍을 정탐하는 일은 불가능하다고 여겨, 흑룡강 상류로 계속 올라가는 게 마땅하다고 말하면서 가 버렸다고 한다. 세 척이니 일곱 척이니 하는 말은 어느 쪽이 옳은지 알 수 없다.

7월

7월 1일, 비가 잠시 내렸다

신응기 마을에 머물렀다. 동승한 보잇고甫伊叱古의 말을 들어보니, "이제 왈가의 배 열세 척을 징발해(推捉) 조선군을 태워서 보내는 근본(地)으로 삼는다"라고 했다. 북경 부원수의 주장이 마침내 관철된 것 같다. 이제 고국으로 돌아가는 시기는 반드시 8월을 지나지 않을 테니 매우 기쁘다. 이날 밤에 큰비가 내렸다.

7월 2일, 비가 내렸다

서응기鋤應基 마을[42]에 머물렀다. 이날 밤에 세찬 바람이 불었다.

7월 3일, 맑았다가 바람이 불었다

서응기 마을에 머물렀다. 대장은 처음에 북경의 부원수와 영고탑의 부장 두 명더러 군사를 거느려 주둔케 하고, 자신은 먼저 떠날 계획을 세웠다. 그러나 이 문제로 북경의 부원수와 여러 차례 따지고 다투었다. 이 때

---

[42] 6월 29일 자 기사와 7월 1일 자 기사에서는 '신응기 마을(哦應基家善)'로 표기하고 있으나, 7월 2일 자 기사부터는 '서응기 마을(鋤應基家善)'로 표기하고 있다. 같은 마을인 듯하며, 단지 표기상의 차이로 보인다.

문에 대장은 먼저 떠날 수 없었다. 대체로 이 주둔하는 일은 도적을 대비하는 것이 아니었다. 다만 전투선을 보수하고 관리하기 위함이었다. 그래서 북경의 부원수가 대장을 꾸짖으며 욕했다.

"전투선의 보수와 관리는 영고탑의 군병으로도 넉넉하오. 어찌 머나먼 만 리 길을 온 사람들을 적을 쳐부순 후에도 붙잡아 둘 수 있단 말이오? 하물며 조선 포수들은 베옷으로 몸을 감싸고 있소. 북쪽 지방은 추위가 일찍 오는데, 서리 바람이라도 마주친다면 얼어 죽는 사태를 피할 수 없을 것이니 매우 불쌍하오. 당신은 어찌 그들을 불쌍히 여기는 마음이 없단 말이오?"

병력의 여유가 없는데도 두 사람은 서로 다른 곳에 따로 정박한 후에 한 번도 만나지 않았다. 부원수가 대장에게 말했다.

"당신이 떠나면 나도 떠나고, 당신이 머무르면 나도 머물 것이오. 떠나고 머무는 것은 당신이 하는 행동을 보고 결정하겠소."

대장도 감히 먼저 출발하지 못했다. 떠나고 머무르는 일은 끝까지 알 수 없지만, 마땅히 얼마나 빨리 돌아가느냐에 달려 있을 테다.

이곳은 8월 보름이 지나면 강물이 언다고 하는데, 9월 초순에 영고탑으로 돌아간다는 이야기는 어림없는 소리다. 혹시라도 군량미를 운반해 온 후에는 도로 싣고 가기 어려운 사정이기에 반드시 남은 쌀을 빼앗으려는 계책이 아니겠는가? 대장(將胡)의 뱃속에는 오로지 도둑놈 심보만 들어 있다는 식의 이런 이야기도 나도는데, 나로서도 그런 생각이 들지 않는 것이 아니다.

7월 4일, 맑음

서응기 마을에 머물렀다.

7월 5일, 비

전날과 같은 곳에 머물렀다. 북경의 부원수가 대장 막사로 찾아와 대장을 만났다. 또 무슨 논의가 이뤄졌는지 모르겠다.

7월 6일, 맑았다가 바람이 불었다

서응기 마을에 머물렀다. 영고탑의 보십고인 애사마艾士麻라는 이름의 호인은 바로 대장이 신임하는 자다. 매사를 애사마 혼자서만 이야기할 수 있으며, 대장도 애사마의 말만 옳다고 여기면서 들어 준다고 한다. 따라서 김명길더러 애사마에게 말을 전하라고 시켰다.

"우리가 머물러 지키고 있는데, 비록 가을이 지나가 해를 넘긴다고 하더라도 괴롭지는 않지만, 고민되는 점은 식량 운반뿐이오. 회령에서 영고탑까지 한 바리의 운임으로 쌀 스무 섬을 지급하오. 300섬 남짓한 50일치 군량을 계속 운반하려면 운임은 5000여 섬 아래로 내려가지 않을 것이오. 회령과 영고탑 사이에 식량을 운반하려면 8~9일이 지나가는데, 목적지까지 오는 도로는 험악하고 날마다 큰 내를 건너야 하오. 하물며 계절은 바로 장마철이어서 쌀알이 물기에 젖지 않을까 하는 걱정에서 벗어나기 어렵소. 영고탑에 도착하기 전에 이미 썩거나 으깨어져 먹기에 힘든 물건이 돼 버려 주민들의 힘을 죄다 낭비하고 끝내는 소용이 없게 되오, 어째서 매우 아깝지 않다는 말이오?

애당초 이제부터 이미 지급한 40일 치 식량을 혹시라도 계속 사용하도록 허가해, 우리가 군량을 조선으로부터 계속 운반해 와야 하는 폐해에서 벗어나게 해 준다면, 우리나라가 입는 은혜는 매우 클 것이오. 모름지기 이러한 뜻이 대장의 마음에 도달할 방도를 통관에게 언급하고 부탁했으나, 이미 완전히 결정됐다고 고개를 흔들어, 감히 다시는 생각을 피력할 길이 없었소. 스스로가 매우 딱해 날짜만 세고 있었소. 그대는 다만 일이 돼 가는 형세를 헤아리고 살펴 대장에게 이 말을 잘 전해 주시오. 40일 치 식량을 그냥 주기 어려우면 벼가 익는 가을 이후를 기다렸다가 우리 스스로 운임을 부담하겠소. 피차 모두 손해가 없을 테니, 일은 매우 편리하고 순조로울 것이오. 깊이 바라건대 좋게 말해 주시오."

이에 애사마가 알았노라 하고는 대장에게 갔다가 돌아와서 전해 주었다.

"자세한 내용을 갖춰 대장에게 말을 전했더니, 대장은 마땅히 심사숙고해 처리하겠다고 답했고, 다른 이야기는 없었소."

군량을 본국에서 운반해 오라는 일을 그만두라고 할 리 만무하니, 멀리 북쪽 지방의 도로 사정을 생각하자 가슴이 찢기는 줄도 깨닫지 못했다.

오늘 아침에 볼일이 있어 김명길을 영고탑의 부원수 막사로 보내면서 급하게 닥쳐 온 군량 운반의 고민도 호소하라고 했다. 부원수가 말했다.

"군량이 도착하기 전에 돌아갈 방도가 있을지도 모르니 너무 근심하지 마시오. 오래지 않아 돌아갈 일이 생긴다면, 더욱 마땅히 도착하기 전에 급히 변통해 멀리서 수송해 오는 수고를 벗어나도록 해 주겠소."

말이 그렇다면 다시 변통할 일은 없겠지만, 그동안 사정이 어떻게 바뀔지 헤아릴 수 없는 일이다.

7월 7일, 맑음

서응기 마을에 머물렀다.

7월 8일, 맑음

서응기 마을에 머물렀다. 대장은 먼저 돌아갈 수 없었기에, 부장 한 명
더러 중상을 입은 갑군을 데리고 영고탑으로 먼저 가라며 내보냈다. 나는
군관 유응천을 시켜 중상을 입은 포수 열다섯 명, 화병 세 명, 수솔 두 명을
인솔해 영고탑으로 먼저 가서 치료받도록 조치했다. 경원 포수 한 명이 마
침 적선 안에서 화철火鐵(부싯돌) 한 개를 획득했는데, 대장이 이를 듣고는
빼앗아 갔다. 도대체 만족이라고는 모르는 자라고 하겠다.

적선 속의 재화는 담비 갖옷(貂裘), 여우 갖옷(狐裘), 담비 이불(貂衾), 여우
이불(狐衾), 담비 가죽(貂皮), 검붉은 여우 가죽(黑赤狐皮) 등이었는데, 숫자를
세기조차 힘들 정도로 많았다. 대장은 샅샅이 뒤져 이들을 죄다 찾아냈으
며, 병사들이 얻은 물건들까지 강제로 깡그리 빼앗아 갔다. 북경의 부원수
는 매번 말했다.

"대장이 적선을 불태우지 말라고 명령한 탓에 적선 한 척이 달아났으
니, 이는 대장이 재물을 탐한 마음 때문이다."

이에 대장도 감히 스스로 마음이 편안하지 않아 그들 재화를 자기 수중
에 넣지는 못하고, "얻은 재물과 보화는 모두 북경에 보고해 황제의 처분
을 기다리고 있다"라고 말할 뿐이었다.

7월 9일, 비

서응기 마을에 머물렀다. 달아난 적선의 형편을 가서 살피기 위해 이전에 말을 타고 떠났던 호인이 어제 돌아와서 보고했다.

"적선은 한곳에 이르러 얕은 여울에 걸렸습니다. 승선한 적병은 고작 열다섯여 명 남짓으로 그 힘이 보잘것없어, 배를 떠오르게 할 수 없었습니다. 마침 견부락 사람들 다수가 배를 타고 올라오자, '우리는 선봉으로서 내려오다가 이 얕은 여울에 배가 걸려서 걱정이다. 너희가 힘을 모아 다시 물에 떠오르게 하라'고 했습니다. 견부락 사람들은 그들이 패주하는 적인 줄 모르고 마침내 힘을 모아 떠오르게 도와주었습니다. 그리고 계속 오다가 길에서 왈가 사람들을 만나, 비로소 그들이 달아나고 있던 적이라는 사실을 알았습니다. 이에 왈가 사람들과 수륙水陸 두 갈래 길로 함께 내려오며 적병을 뒤쫓았으나 따라잡지 못하고 돌아왔습니다.

또한 달아나 숨었던 적병 다섯 명이 갈대와 나뭇가지로 뗏목을 만들어 타고 내려오고 있었는데, 왈가 사람들이 쫓아오자 달아날 수 없는 형세가 됐습니다. 그러자 그들은 '네놈들 손에 죽느니 우리는 차라리 자살하겠다'고 한 다음에 물에 뛰어들어 죽었습니다. 미처 뗏목을 타지 못한 세 명도 피할 곳이 없어 역시 물에 뛰어들어 죽었습니다. 포로로 잡혔던 왈가 여인 다섯 명은 왈가 사람들이 찾아내 함께 올라오고 있는 중입니다. 그 왈가 사람들에 따르면, 약탈하려고 흑룡강 상류를 향해 앞서 갔다는 작은 배 일곱 척은 도로 하류로 내려오다가, 본대가 패몰한 사정을 모두 알아차렸습니다. 그들은 배 한 척은 버리고 나머지 여섯 척에 모여 탔는데 대략 100여 명이었습니다. 모두 흑룡강 상류를 향해 다시 올라갔다고 합니다."

7월 10일, 맑음

서웅기 마을에 머물렀다. 강물이 빠져나간 얕은 여울에서는 배를 움직일 수 없는 탓에, 장톨 마을(長乙家善)에 이르러 주둔하려는 처음 계획은 끝내 실행할 수 없었다. 대장은 어쩔 수 없이 강가 상류 근처에 몸소 나가 배를 감추기에 알맞은 지역을 살펴본다고 한다. 저녁에는 비가 내렸다.

7월 11일, 바람이 세차게 불고 소나기가 세차게 내렸으며 우박이 쏟아졌다

서웅기 마을에 머물렀다.

7월 12일, 맑음

서웅기 마을에 머물렀다. 7월 10일부터 왼쪽 귀가 멀기 시작해 날이 갈수록 점점 심해지니 고민스럽다. 이곳 땅은 모진 바람이 잇따라 부니 촉상觸傷[43]의 징후 같은데, 치료할 방도에는 어둡고, 의술을 이해하는 사람도 없으며, 의원을 불러올 수도 없다. 병으로 발전하지 않을까 매우 개탄스럽다.

7월 13일, 저녁에 비가 조금 내렸다

---

43   찬 기운이 몸에 닿아 일어나는 병이다.

서응기 마을에 머물렀다.

7월 14일, 바람이 세차게 불었다

서응기 마을에 머물렀다. 김명길더러 청나라 대통관 이몽선에게 말을 전하라고 했다.

"우리나라에서 가져온 식량은 본디 세 달 치를 헤아렸소. 돌아갈 때의 열흘 식량은 영고탑에 보관해 두었소. 행군 중에 가져갈 식량은 이 달 20일이면 죄다 떨어질 것이오. 조선에서 추가로 식량을 계속 운반해 와야 하는데, 이번 달 안으로는 도착할 리 만무하오. 그러니 사정상 이곳에서 지급해 준 식량을 더 가져다 먹어야 마땅하오. 다만 애당초 더 지급해 줄 때에 한곳에서 나눠 주지 않고 각각의 고산이 각각 관리하는 군졸에게 지급했으므로, 되(升)와 말(斗)의 기준이 일정치 않아 한 사람에게 주는 쌀의 양이 같지 않았소. 많이 받은 사람은 예닐곱 말이지만 적게 받은 사람은 네다섯 말이니, 어떤 군사는 굶주리고 어떤 군사는 배불리 먹어 고르지 않을 뿐만 아니라 되갚을 때도 매우 불편하오. 또한 배의 내부가 물기에 젖어, 썩어 문드러져 먹기 힘든 쌀도 많이 있소. 이는 바로 우리 조선 병사들이 보관을 잘못한 죄가 아니니, 마땅히 변통해 주는 일이 있어야 하오. 모름지기 이러한 뜻으로 대장에게 알려 주는 것이 어떻겠소?"

그러자 대통관이 대답했다.

"이미 나눠 준 식량을 헤아려 보니 이제부터 다시 변통할 일은 없습니다. 이곳에서 썩고 문드러져 남은 식량을 군사들에게 나눠 지급했는데, 다시 장만하라고 명령을 내려도 주선할 방도가 없습니다."

이처럼 똑같은 일들을 대장 귀에 들어가도록 좋게 말해 준다면 반드시 들어주지 않을 이치가 없을 텐데도, 통관이 매번 중간에서 이렇게 막아 버리니 정말로 분통이 터진다.

왼쪽 귀가 멀어 앓는 통증은 오늘 아침부터 조금 차도가 있는 듯하다. 며칠 전에는 이마가 불처럼 뜨거웠는데, 쑤시고 아픈 징후는 없으나 힘들고 지쳐 온몸 구석구석을 가누어 움직이기 어렵다. 이제는 다시 복통 증세가 느껴진다. 들판에서 이슬을 맞으며 야영 중에 병마저 들었으니, 괴로운 심사를 이루 말할 수 없다.

7월 15일, 바람이 세차게 불었다

서웅기 마을에 머물렀다. 전투선의 집기는 민가에 정렬해 늘어놓았다. 군량을 정돈해 넣어 둘 창고를 짓는 일로 열다섯 척 남짓한 배가 상류 쪽으로 올라갔다. 그들이 배를 정렬해 정박시키는 곳은 이곳에서 10리쯤 떨어져 바라보이는 곳이다.

군량의 남은 쌀이 매우 많은데도 아군의 하루 치 양식조차 꿔 주지 않고, 조선으로부터 양식 운반을 계속하라고 또 명령을 내리니, 오랑캐 대장의 도둑놈 심보에 정말로 분통이 터진다.

7월 16일, 맑음

청나라의 군량미가 썩고 문드러져 먹기 힘들다는 뜻을 통관에게 말하니, 통관은 주선할 방도가 없다고 핑계를 대면서 오랑캐 대장에게 이야기

를 전달해 주지 않는다. 어쩔
수 없이 김명길더러 궤지삼
櫃枝三[44] 10여 갑을 대장에게
뇌물로 주고 말을 붙여 볼
구실로 삼았다. 김명길이 대
장에게 청했다.

김홍도가 그린 〈담배 썰기〉 국립중앙박물관 소장

"이곳에서 지급한 쌀을 이
제부터 먹으려고 하나, 쌀을
실어 놓은 배가 물에 젖은
탓에 쌀이 썩어서 차마 먹을
수 없는 것이 많습니다. 분명
히 그냥 준 물건은 아닌데,
여러 달을 객지에서 고생을 많이 한 군졸들에게 다시 쓴 밥을 먹여야 하는
심정은 매우 딱합니다. 다행히 헤아려 살펴 주기를 바라겠습니다."

그러자 대장이 대답했다.

"과연 썩어 문드러져 먹기 힘든 쌀이라면, 어떻게 만 리 먼 길을 온 사람
들에게 억지로 참고 먹으라고 할 수 있겠소? 이런 뜻을 대통관에게 전달
해 이야기하고 나에게 말을 전했다면, 마땅히 변통해 주었을 것이오."

군량 문제를 이렇게 마침내 변통하게 됐는데, 그 결과가 어떻게 좋고 나
쁠지는 아직 잘 모르겠으나, 그래도 통관들이 고개를 가로저으며 중간에
서 막던 것보다는 낫다. 통관들은 사람인데도 사람 같지 않구나. 정말로

---

44 잘게 썰어 궤짝에 담아 놓은 담배를 말한다.

개탄스럽다.

7월 17일, 맑음

서웅기 마을에 머물렀다.

7월 18일, 맑음

서웅기 마을에 머물렀다.

7월 19일, 비가 잠시 내렸다

서웅기 마을에 머물렀다. 가을바람이 점차 세차게 부니, 객지에 머무르는 괴로움을 스스로 금하기 어렵다.

7월 20일, 바람이 불고 흐렸다

서웅기 마을에 머물렀다. 잠자리에서 꾼 꿈이 매우 성가시게 구니, 돌아갈 생각에 더욱 괴롭다.

7월 21일, 바람이 불고 흐렸다

서웅기 마을에 머물렀다. 차가운 바람이 매우 세차니, 서리 내리는 남쪽 지방의 겨울보다 심하다. 헐벗은 군졸들이 한데서 추위에 떨며 울부짖는 정경이 매우 측은하다. 김명길을 통해 대통관 이몽선에게 말을 전했다.

"추위가 이 정도인데 돌아갈 길은 만 리입니다. 게다가 서리 내리는 계절이 찾아와 얼어 죽을지 모를까 걱정스럽습니다. 이 뜻을 몸소 대장에게 전해 실상을 알게 하고 싶지만, 말을 들어 주지 않아 말하지 않는 것만 못하니, 어떻게 해야 좋을지 모르겠소."

이몽선이 대답했다.

"최근에 북경의 여러 장수가 날씨가 추우니 돌아가고 싶다는 뜻을 날마다 대장에게 늘어놓으며 이야기하자, 8월 초순쯤에 돌아가기로 이미 결정했다는 명령을 내렸습니다."

그렇다면 8월 안으로 귀국할 희망이 생긴 것 같으니, 이는 기뻐할 만하다. 다만 양식을 운반해 온 후에 이처럼 돌아가는 일이 일어난다면, 헛된 비용이 아까울 뿐만 아니라 마부와 말도 이미 돌아가 버려 싣고 갈 방도가 없어진다. 끝까지 처리해야 할 일이 정말로 어려워 매우 걱정이다.

7월 22일, 맑음

서응기 마을에 머물렀다.

대통관 이몽선이 대장의 말을 전해 오기를, "오늘 아침에 영장營將[45]의 뜻을 대장에게 자세하게 전했습니다. 그러자 대장은 날씨가 추워졌으니 과연 말한 그대로라면 어떻게 만 리 먼 길을 떠나온 군졸들을 얼어 죽게

---

45 조선군 사령관 신류를 가리킨다.

할 수 있겠는가? 오래지 않아 고국으로 돌아가라는 명령을 내리겠다고 답했습니다"라고 했다. 돌아갈 시기가 머지않아 있을 듯한데, 50일 치 식량을 계속 운반해야 할 날짜를 헤아려 보니, 식량은 그믐께 영고탑에 당도할 것이다. 이미 되돌려 운반할 방도는 없으니, 며칠 전에 들은 대로 남은 쌀을 강제로 빼앗아 차지하려는 속셈이라는 말이 반드시 예견하지 못한 말도 아니다. 우리 백성의 노력은 노력대로 허비하고 끝내는 도적[46]에게 식량을 갖다 바치게 됐으니, 정말로 분통 터지는 일이다.

썩은 쌀을 먹기 어렵다는 뜻으로 김명길을 시켜 대장에게 말을 전달한 적이 있었다. 통관들이 성을 내며 크게 노여워하면서 말했다.

"우리 네 명은 오로지 말을 전달하는 일로 왔는데, 어떻게 우리를 내버려 두고 당돌하게 직접 대장에게 전달할 수 있소이까? 사리와 체통이 아주 어그러졌소이다."

썩은 쌀을 변통해 준다는 소식을 끝내 가져오지도 않았을뿐더러, 주선해서 체면을 세운 일도 없으면서, 내가 실수할 때마다 대단하게 기세를 올리니 매우 통탄할 노릇이다.

7월 23일, 맑음

서응기 마을에 머물렀다. 배를 정렬해 정박시킬 선소船所에 도착해 아군의 짐바리를 모두 한곳에 내리고 포진했다. 영고탑의 차장次將이 닭, 돼지, 오이, 푸성귀 등의 물품을 보내왔다. 북녘 땅으로 깊이 들어온 지 석 달 만

---

46 청나라 대장을 가리킨다.

에 처음으로 맛보는 채소다. 멀리 고향의 가을 흥취를 생각하니 나그네의 회포를 금하기 힘들다.

7월 24일, 맑음

배를 정박한 곳에 머물렀다. 오후에 이몽선을 찾아가 보니, 김대헌도 한 곳에 있었다. 내가 말했다.

"이역 땅에 체류한 지 이미 여러 달이 지났소. 가을 추위 또한 매서워져 돌아가고 싶은 마음에 날로 괴로운데, 철군할 날짜가 머지않아 가까이 다가왔다고 들으니 마음속으로 기쁘고 위안이 되오. 다만 우리나라에서 군량을 운반해 올 일을 생각하니, 몹시 애석하고 아까워 기쁘고 위안이 되는 줄도 깨닫지 못하겠소. 함경도 주민이 힘을 죄다 바쳐 천 리 먼 길까지 수송해 왔는데, 군대가 먼저 돌아가게 돼 거의 절반을 허비하게 됐으니 개선 凱旋할 흥미가 나지 않소."

이몽선이 물었다.

"쌀 한 바리의 운임이 얼마쯤 됩니까?"

내가 대답했다.

"회령과 회령 가까운 고을에서 지급하는 쌀은 17~18섬 정도고, 그 이남의 경우는 거리의 이수里數에 따라 섬의 수를 더하며, 단천 북쪽 등의 관청에 이르면 서른 섬이라오. 이로써 미루어 보면 여태까지의 운임은 수만 섬 아래로 내려가지 않을 것이외다."

이에 이몽선은 입을 다물고 한동안 답하지 않다가, 다시 물었다.

"이곳에서 지급받은 쌀은 바로 40일 치 식량입니다. 돌아갈 날이 가까워져 남는 쌀이 반드시 많을 것이니 어떻게 처리할 것입니까?"

내가 대답했다.

"이미 21일부터 청나라의 식량을 먹고 있소. 철군을 개시하는 날짜를 안다면, 날짜를 헤아려 군사들에게 양식을 내준 후에 남는 쌀은 돌려주려 하오."

이몽선이 말했다.

"철군을 개시하는 날짜를 정확히 알기는 어려우나, 대체로 다음 달 5일을 넘기지 않을 것입니다. 보름날까지 헤아려 지급한 후에 남는 쌀을 돌려주면 좋을 듯합니다."

내가 또 말했다.

"적들이 만든 총포는 우리나라의 총포와 계통이 특별히 다른 무기라오. 몇 자루를 얻어 나라에 바치고 싶소. 애당초 아군이 얻은 총포는 모두 거둬 갔으므로 달리 구해 얻을 방도가 없소. 대장에게 이러한 뜻을 몸소 말해 보려고 애썼으나 만나기도 쉽지 않았으며, 혹시라도 청을 들어주지 않는다면 매우 무안해질 것이므로 지금까지 머뭇거렸소. 통관은 이 뜻을 조용히 전해 줄 수 없겠소?"

통관이 말했다.

"내가 정성껏 대장에게 전해 주겠습니다."

또한 이르기를, "영고탑으로 돌아간 후에는, 북경에 보고를 올리러 간 고산이 돌아오기를 편안한 마음으로 기다리십시오. 고산이 돌아오면 바야흐로 조선군을 내보내 줄 것입니다"라고 했다. 보고를 올리러 북경으로 간 고산의 귀환이 혹시라도 지체된다면, 다시 영고탑에 오래 머물러야 할 테다. 그 걱정을 떨쳐 버리기 어려우니 근심이다.

7월 25일, 맑음

배를 정박한 곳에 머물렀다.

7월 26일, 맑음

배를 정박한 곳에 머물렀다.

이른 아침에 대장이 맞이하러 와 즉시 막사로 나가 보았다. 대장이 물었다.

"배의 수효는 적고 탈 사람은 많아, 배를 타야 할 전체 인원을 결정하기 힘드오. 병이 들었거나 걸음을 뗄 수 없는 사람을 제외하고는, 다들 육로를 통해 걸어서 돌아가라는 명령을 내리고 싶소. 이 뜻을 어떻게 생각하오?"

내가 대답했다.

"배의 수효가 과연 적다면 걸어서 돌아가는 것도 어렵지는 않습니다. 다만 여러 달을 한데서 지낸 병사들이라 병자가 상당히 많을까 걱정일 뿐이오."

대장이 대답했다.

"병이 들어 걷지 못하는 사람들을 가려내 수를 알려 주면, 걸어서 가는 사람들의 짐과 함께 배에 태워 8일 치 식량만 지급해 빈 몸으로 보내라고 명령하는 게 낫겠소."

내가 다시 말했다.

"군사를 거느리고 멀리까지 와서 대첩을 거두고 개선하는 날은 그 또한 우리나라에도 영광의 날이 될 것입니다. 그런데 적의 총포 제조 기술이 매우 뛰어나니, 몇 자루 얻어 나라에 바치면 첩보를 아뢰는 영광이 배가할 것입니다. 이 요청을 들어주실지 들어주시지 않을지 대장의 뜻이 궁금합니다."

대장이 부장과 귓엣말로 상의한 뒤 대답했다.

"이미 총포 수를 조회해 북경에 아뢰었으니 내려올 처분을 기다려 봐야 마땅하오."

획득한 적의 총포는 300~400자루 아래로 내려가지 않는데도, 대장은 북경의 처분에 따르겠다는 핑계로 욕심 많고 인색한 기색을 드러내고 있으니, 매우 괘씸하고 얄밉다.

7월 27일, 맑음

배를 정박한 곳에 머물렀다.

자적自赤이라고 부르는 호인은 바로 영고탑의 보십고이며, 애사마는 같은 영고탑의 보십고 중에서 조금 나은 자다. 이들 오랑캐가 모든 사정을 모를 리가 없다. 아군의 주둔이 이미 길어지자, 낯을 마주치면서 생기는 정도 깊어 갔다.

우리 군사 중에서 좌초관左哨官 박세웅은 만주어를 알아들을 수 있으므로, 저들과 마주칠 때에 꺼리는 기색이 없었다. 그들에게 은밀하게 사정을 물어보니, 지난겨울에 러시아 적병 다수가 흑룡강 상류에 나타나 1000여 척의 배를 건조하고는 그대로 머물러 농사를 지었다는 소문이 자자해 그치지 않았다고 한다. 이에 따라 청나라에서 몽골 사람들을 시켜 그 사정을 정탐하라고 보냈더니, 흑룡강을 따라 상류와 하류에서 배를 만들거나 농사를 지은 자취는 전혀 없었다. 이에 몽골 사람들은 정탐 목표를 정확하게 달성하지 못해 감히 빈손으로 돌아올 수 없어, 적들 지역으로 더 깊이 들어갔다. 산간에서 잠복하다가, 우연히 밭을 가는 현지인(醜) 한 놈을 꾀어내어 붙잡아 이미 북경으로 보냈다. 이 말을 들으니, 적들이 배를 만들고 농사를 짓는다는 이야기는 죄다 허망한 소문이다.

다만 퍅가부락復可部落[47]은 바로 견부락과 닿아 있는 오랑캐 마을로, 소인국小人國과 접경한 지역이다. 짐승의 가죽이나 보화가 이곳에서 많이 난다. 적선이 한 번 침략한 후로는 이 부락에서 조공하던 길이 오랫동안 끊겼다. 이제 이미 적을 섬멸했는데, 내년에도 대장이 토벌하러 간다는 뜻을 결정했다고 하니, 우리 조선 포수에게도 또 다시 와 달라고 요구하는 일이 없지 않을 것이라고 한다.

저들의 말은 근거가 약해 모두 믿기는 어렵다. 그렇지만 최근의 움직임으로 보아 남은 군량미 중에서 남는 쌀의 수효가 매우 많은데도 아군의 반일 치 군량을 꿔 주지 않고 창고를 지어 쌓아 놓고 있다. 전투선과 수부는 모두 한인漢人인데 귀환을 허락하지 않고, 이곳에 집을 지어 놓고 살도록 하고 있다.

대체로 전투선은 수부가 아니면 움직이기 어렵다. 배가 얕은 물에 걸려 날짜가 오래되면 썩기 쉬우므로, 반드시 수부들이 돌아가기 전에, 그리고 전투선이 썩기 전에 적을 또다시 토벌하러 나아가 공을 세우려는 것이다. 내년에 조선군 파병을 다시 요구하는 일이 반드시 없다고 보장하기 어려우니, 매우 걱정이다.

---

47 흑룡강 하구와 사할린 북부에 거주하면서 수렵과 채취를 주업으로 삼던 종족이다.

또한 영고탑에서는 이전에 군사를 조련하는 일이 없었으며, 인삼과 진주를 조공하는 규정만 있었다. 그런데 적이 침략한 이래로 이 고장 출신의 갑병들이 해마다 교전에서 거의 전부가 사망했음을 알고 나서는, 영고탑 사람으로서 원망하고 욕하지 않는 사람이 없었다.

대장은 왈가 지방을 적에게 잃더라도 실제로는 구우일모九牛一毛[48] 격이라고 생각하고 있다. 그렇지만 자기가 바로 왈가 출신이고, 자기 형제자매와 멀고 가까운 친척이 왈가에 많이 살고 있으므로, 해마다 군사를 일으킨다고 한다. 이로 보아 청나라 사람들의 원망과 고민도 알 만하다.[49]

7월 28일, 맑음

배가 정박한 곳에 머물렀다. 대장이 적의 총포 한 자루를 보내왔다. 적의 총포[50]는 우리나라의 총포와 달리 화승火繩(심지)을 사용하지 않는다. 그 대신, 안쪽 가장자리에는 화철火鐵을 끼우고 바깥 가장자리에는 방하철放下鐵을 부싯돌에 끼워 내리면, 돌과 쇠붙이가 서로 부딪쳐 불꽃이 일어난다. 매우 특이했으므로 이전에 오랑캐 대장에게 간청한 적이 있는데, 이번에 한 정 보내왔다.

---

48 아홉 마리 소의 전체 털 가운데 한 오라기 털이라는 의미로, 매우 많은 것 가운데 극히 적은 수를 이른다.

49 이 부분은 마치 청나라 북경 조정에서 모르는 가운데 영고탑 방면 대장이 스스로 원정군을 일으키는 것처럼 보이는데, 이는 첩보가 잘못됐거나, 신류가 오해한 것으로 보인다. 당시 흑룡강을 따라 전개된 허다한 러시아 원정은 모두 북경 조정의 결정과 명령에 따라 이뤄졌다.

50 조선군의 화승총은 서양에서는 머스킷Musket이라고 부르던 총이다. 머스킷은 17세기 말에서 19세기 초에 걸쳐 보병들의 주무기였다. 화승총은 불을 붙여 점화하지만, 러시아군의 수석식燧石式 소총은 부싯돌로 불꽃을 만들어 점화한다. 수석식 소총의 경우, 분당 서너 발을 발사하는 화승총에 비해 장전 속도가 세 배 정도 빨랐다.

7월 29일, 맑음

배가 정박한 곳에 머물렀다.

7월 30일, 맑음

배가 정박한 곳에 머물렀다.
통관들에게 가 보고 물었다.
"이전에 송가라강 어귀에 머
무르고 있을 때 소문을 들었는
데, 지난겨울에 적들 다수가 흑
룡강 상류에 나타나 1000여 척
의 배를 건조하고 그대로 머물

러시아의 수석식 소총(1654년 제작)

러 농사를 지으면서 장차 대거 침략한다는 계책을 세웠다는 내용이었습
니다. 이 이야기가 정말로 그러하오?"

그러자 이몽선이 말했다.

"과연 그런 이야기가 있었습니다. 애당초 북경에서 이 적들을 섬멸한
후에 이어서 퍅가부락을 토벌하기로 의견을 결정하고 명확하게 약속했
습니다. 그런데 선단이 열벌부락에 도착하던 날 병부 문서가 진중에 도달
했는데, 그 요체는 경솔하게 나아가지 말라는 것이었습니다. 이에 따라 여
러 장수가 모여 의논했습니다. 모든 장수가 흑룡강으로 진입한 후에 상류
에서 적의 대군이 내려와 가로막는다면 상·하류 양쪽에서 적을 맞이하게
돼 진퇴유곡의 형세가 될 테니, 잠시 흑룡강을 파수하면서 형세를 관망해

나아가거나 물러나는 게 옳다는 견해를 펼쳤습니다. 그런데 어떤 사람[51]은 마땅히 바로 흑룡강으로 진입해야 하며, 이미 나타난 적을 섬멸하는 일을 주저하지 말라는 주장을 폈습니다.

결국 을안乙案이 채택돼 흑룡강으로 진입했고, 승리를 거두고 배를 돌린 후에 밤을 새워 다시 올라와 흑룡강에서 빠져나온 것은 정말로 상류의 적선이 내침할까 우려했기 때문입니다. 이곳으로 온 후에 주둔하면서 돌아가지 않는 이유도 적의 허실을 관망하려는 까닭입니다. 얼마 후에 병부에서 문서를 작성해 몽골인더러 흑룡강 상류에 가서 정탐하라고 맡기니, 강을 따라 상류와 하류에는 적선의 자취가 전혀 없다고 했습니다. 이른바 배를 만들었거나 농사를 지었다는 이야기는 죄다 허망한 것입니다. 애당초 이런 기이한 이야기가 없었다면 적을 쳐부순 후에 마땅히 퍅가부락을 토벌했을 것입니다. 어째서 배를 돌릴 리가 있겠으며, 이곳에 도착한 후에도 어떻게 주둔했겠습니까?"

이 이야기는 애사마가 말한, 몽골 사람들이 정탐을 위해 적들 지방에 깊이 들어가 밭 가는 오랑캐 한 놈을 붙잡았다는 이야기와는 다른데, 퍅가부락을 정벌한다는 이야기와는 들어맞는다. 내년 일이 정말로 걱정이다.

---

51 대장을 가리킨다.

8월

8월 1일, 맑음

배를 정박한 곳에 머물렀다. 우초의 포수 세 명이 잇따라 앓아누웠다. 증세로 보아 전염병인 듯하다. 군중에서 많은 사람이 섞여 생활해 반드시 널리 퍼질 추세여서 매우 걱정스럽다.

8월 2일, 맑음

배가 정박한 곳에 머물렀다. 청나라에서 꾼 식량 중에서 남은 쌀을 돌려주었다. 처음에는 작은 말로 꿔 와 나눠 지급했는데, 이제는 큰 말[52]로 바쳤다. 우리가 손해 본 양이 열 섬 이상이어서 통탄할 만한 일이다.

내일모레면 돌아간다. 아군의 짐바리를 실을 배를 세 척밖에 내주지 않은 탓에, 나의 수솔과 초관의 수솔 중에서 취사병 몇 명과 환자만 제외하고, 그 밖에는 모두 도보로 돌아가야 한다. 또한 무거운 배와 군장 때문에 걱정이다.

8월 3일, 맑음

---

52 큰 말(大斗)은 열 되들이 말이고, 작은 말(小斗)은 닷 되들이 말이다.

배를 정박한 곳에 머물렀다.

8월 4일, 맑음

정박해 있던 곳을 떠난 배들이 각기 흩어져 갔다. 내가 탄 배와 두 초관이 탄 배 두 척은 같은 곳에 멈추고 숙영했다. 청나라 장수들이 탄 배들은 먼저 올라갔는데, 어느 곳에 도착해서 정박하는지 잘 모르겠다.

8월 5일, 맑음

8월 6일, 맑음

수심이 얕고 여울의 물살이 급해 배를 모는 일이 매우 힘들었다.[53]

8월 8일, 맑음

8월 9일, 맑음

8월 10일, 맑음

8월 11일, 맑음

---

53 송화강 상류 쪽으로 거슬러 남하하는 형국이므로, 물살이 세면 노를 젓기 어렵다.

명천 포수 학금鶴金이 육로로 걸어가다가 중병으로 걸을 수 없게 됐다. 같은 고을의 포수들이 번갈아 업고 오다가 마침 나와 맞닥뜨려 배 안으로 옮겼다.

8월 12일, 맑음

아침을 먹은 후에 유응천이 군사와 말을 거느리고 강가에서 기다리기에 육지에 내렸다가 배로 올라왔다. 저녁 무렵에 전문에 도착했다. 날이 저문 후에 배가 왔기에, 정박해 실어 놓았던 짐바리들을 곧바로 내렸다.

8월 13일, 맑음

저녁에 영고탑에 들어가서 서문 밖 냇가에 머물렀다.

8월 14일, 맑음

이른 아침에 아문에서 전갈해 물었다.

"어느 날에 떠나느냐?"

이에 내가 대답했다.

"꾸어 쓴 군량미는 오늘 되갚으려고 합니다. 되갚은 후에 다시 주둔하는 일은 없을 것입니다. 내일 돌아가기로 결정했습니다."

오후에 차통관 이기영이 달음박질로 군문에 도착해 전하기를, 아문에서 위로연을 베푸니 군사들을 거느리고 빨리 들어오라고 했다. 이에 곧바로 아문으로 달려 들어가니, 도원수와 부원수는 오지 않았으며, 수성장守城將[54]인 만주 사람 두 명과 통관들만 자리에 앉아 잔치를 벌이고 있었다. 잔치가 끝나고 나오려 할 때 대장[55]이 전갈했다.

"첩서를 올린 고산이 일찍 돌아왔어야 마땅한데, 아직도 모습이 보이지 않고 소식도 없소. 며칠이 지나지 않으면 도착할 듯하니, 잠시 주둔하고 있다가 그가 돌아오기를 기다려 돌아가는 게 좋겠소."

내가 대답했다.

"우리가 계속해서 머문 지 몇 달이 지났지만 걱정하지는 않습니다. 다만 청나라 군대에서 꾼 식량을 갚고 나니 남은 것은 열흘 치 식량뿐입니다. 따라서 다시 며칠을 더 머무른다면 굶주림이 걱정됩니다. 그뿐만 아니라, 이 지역은 땔감 구하기가 몹시 어렵습니다. 이곳에 도착한 후에 땔감이 없어서 음식을 제대로 익혀 먹지 못해, 병사들은 가만히 앉아 굶주림에서 벗어나지 못하고 있습니다. 그러니 통관께서는 모름지기 요즈음의 이러한 사정을 헤아려 대장에게 잘 전달해 주십시오."

이에 이몽선이 먼저 공손한 태도로 대장에게 갔다가 돌아와 전했다.

"돌아갈 때의 식량이 모자란다면 마땅히 구해서 지급하겠소. 어째서 굶주림을 걱정한단 말이오? 땔나무도 마땅히 그날그날 운반해서 지급할 테니 잠시만 머물러 기다려 주시오."

이곳에 온 후에는 머물러 기다리는 일이 없을 줄 알았는데, 이렇게 발이 묶이는 일이 또 발생했다. 그동안에 또 무슨 곡절이 있었는지 알 수 없는

---

54 영고탑을 방어하는 장수를 이른다.
55 영고탑 수성장 두 명 가운데 최고 지휘관을 가리킨다.

노릇이다.

8월 15일, 맑음

영고탑에 머물렀다.

8월 16일, 맑음

영고탑에 머물렀다. 종성의 마부 윤국생尹國生이 8월 초부터 중병에 걸려 지난 14일에 세상을 떠났다. 지극히도 슬픈 일이다. 천 리 먼 길에 시신을 거둬 싣고 돌아갈 사정이 못 돼 어쩔 수 없이 영고탑 성 남쪽 길가 산기슭에 묻어 주었다. 더더욱 불쌍하다.

8월 17일, 바람이 세차게 불었다

영고탑에 머물렀다. 북경에 승전보를 올리러 갔던 고산이 마침내 돌아왔다.

8월 18일, 비

통관 이기영이 막사로 달려와 전하기를, 북경에서 담비 갖옷 한 벌을 영장[56]에게 상으로 내렸으니 빨리 아문으로 달려 들어가 대면하고 수령하라고 했다. 즉시 함께 아문으로 달려 들어가 대면하고 받은 후에 그대로 도원수와 부원수에게 귀국을 알리고 돌아왔다. 즉시 막사를 나와 귀국 길에 올랐다. 홀가강에 이르러 멈추고 숙영했다.

8월 19일, 맑다가 서리가 눈발처럼 내렸다

백자령 기슭의 노전동에서 야영했다.

8월 20일, 맑음

백자령을 넘어 술가도군戌可道軍[57] 10여 리 못 미친 곳에서 멈추고 야영했다. 병사들 중에서 몸에 병이 든 자와 발병(足病) 난 자들이 앞뒤에서 거꾸러지곤 했다. 말 열 필을 동원해 한 걸음 한 걸음씩 번갈아 군장을 옮기려니 매우 힘이 들었다.

청나라의 차사가 열목어餘項魚 세 마리를 보내왔다. 전날 밤에 시냇물을 막아 잡았다고 한다. 이 호인 차사의 이름이 바로 아탕개ㅏ湯介라고 한다.

8월 21일, 맑음

아미단阿彌壇에서 야영했다. 포수 다섯 명을 먼저 회령에 보내, 우리가 회군해 귀국하는 경위를 알렸다.

---

56 신류를 가리킨다.
57 5월 6일 자 기사에는 '戌可道君'으로 나온다. 같은 지명인데, 한자 표기만 다를 뿐이다. 어느 한자가 맞는지는 알 수 없다.

8월 22일, 맑음

아침을 호지강에서 지어 먹고, 한낮에는 솔가강所乙可江에서 쉬다가, 승거평에서 숙영했다. 앞으로 가야 할 길이 조금씩 줄어들자, 병들어 쓰러져 걷지 못하던 병사들도 좋아서 펄쩍 뛰며 길을 나선다. 새벽에 출발해 밤중까지 행군하는데, 집으로 돌아간다고 즐거워 떠드는 모습을 볼 수 있다. 이역 땅에 뼈를 묻은 백성들의 목숨을 생각하다가, 눈물이 옷깃을 적시는 줄도 알지 못했다.

8월 23일

천가퇴강舛可退江 가에 도착해 멈추고 숙영했다.

8월 24일, 낮에는 맑았다가 밤에는 비가 내렸다

여러 날을 계속해서 먼 길을 걸어온 군사들이 지쳐서 몹시 고단해 하므로, 천가퇴강에서 하루를 머물러 쉬었다.

8월 25일, 바람이 세차게 불고 진눈깨비가 내렸다

빗줄기를 무릅쓰고 40여 리를 걸어온 군사들이 추위에 얼어붙어 행군할 수 없었기에 어쩔 수 없이 자혜에서 멈추고 숙영했다.

8월 26일, 맑음

저녁 무렵에 마침내 두만강 가에 도착했는데, 강물이 넘칠 만큼 가득 불어 도강이 쉽지 않았다. 장수와 수솔 군사 70여 명만 간신히 건너왔으며 그 나머지는 건너편 강가에 머물면서 숙영했다.

8월 27일, 맑음

아침이 오기 전에 모든 군사가 도강을 마쳤다. 길주 포수 박선朴先 등 네 명이 강을 건너다가 거룻배가 뒤집혀 박선 등은 간신히 빠져나왔으나, 지니고 있던 조총은 깡그리 떠내려 보내고 말았다. 이날 저녁에 마침내 행영으로 돌아왔다.

출병 중 간략한 견문

○ 영고탑의 오랑캐 두목(魁胡)은 할호대下乙胡大다. 부두목은 두 명이다. 한 명은 우가리禹可里라 부르고 한 명은 햇태害吒太라고 부른다. 오랑캐 두목의 생김새는 매우 모질고 사납다. 해마다 군사를 일으키는데 죽는 자가 거의 전부라고 하니, 영고탑 현지인들 치고 미워하며 원망하지 않는 자가 없다고 한다.

영고탑 성 안팎의 인가는 대충 1000여 호인데, 거의 대부분이 큰 집이라 살림이 넉넉함을 알 수 있다. 종전에는 인삼·진주·담비 가죽 등의 물건을 바치기만 했는데, 적선이 한 번 왈가 지방을 침범해 해를 끼친 후부터 비로소 갑병을 배출하기 시작했다고 한다.

○ 영고탑에는 논만 없을 뿐이다. 참깨를 많이 심으며 콩, 팥, 기장, 조 등의 밭농사는 매우 잘된다. 올해 여름에는 비 오는 날이 하루도 없었는데도 한 해 농사가 이와 같으니, 토지가 비옥함을 볼 수 있다.

○ 영고탑의 오랑캐들이 처음에 짓는 밥은 매우 깨끗한데, 밥을 먹을 때가 되면 반드시 물을 말아 어육·소금·간장 등으로 비벼서 먹는다. 왈가의 오랑캐들이 짓는 밥은 지극히 불결해 개나 말의 먹이 같은 것도 있으며, 개와 한 우리에서 먹기도 하니 정말로 짐승이라고 하겠다. 쌀밥과 마른장을 주었더니 반드시 이마를 찡그리고 토해 버렸다. 천하 모든 사람의 입맛이 같다는 말은 거짓이다.

○ 우리가 떠나올 때 애사마와 같은 여러 오랑캐가 모두 와서 만났다. 내가 내년에 꽉가부락을 정벌하는 일에 대해 물었더니, 모두 "대장이 정벌할 뜻을 지니고 있다고 하더라도 모름지기 북경에 아뢰어야 하며, 북경의 확실한 분부가 있은 연후에야 바야흐로 토벌하러 나아가는 일이 가능합니다. 내년에 반드시 이와 같은 전쟁이 일어날 것인데, 그 시기는 정확하게 모르겠습니다"라고 했다.

내가 다시 물었다.

"그 같은 전쟁이 일어난다면 혹시 우리 조선의 포수더러 와 달라고 또 요청할 일이 있겠는지요?"

어떤 사람은 와 달라고 요청할지의 여부를 어떻게 미리 알겠느냐고 했고, 어떤 사람은 정벌하는 일이 일어난다고 하더라도 영고탑의 군사만 뽑아 갈 것이며, 조선 포수를 부르는 일은 결코 없을 것이라고 했다. 여러 오랑캐의 말이 제각각 다르니, 그 진위를 헤아릴 수 없다.

신류 연보*

1619년(광해군 1, 1세)	1월 23일 경상도 인동부仁同府(지금의 경상북도 구미) 약목리에서 출생. 집안은 한성에서 세거함.
1623년(인조 1, 5세)	[계해정변(인조반정), 인조 즉위]
1627년(인조 5, 9세)	진정공眞靜公에게서《양절반씨총론陽節潘氏總論》을 받음.** [정묘호란]
1633년(인조 11, 15세)	틈나는 대로 학업에 임함. 어려서부터 뛰어남.
1636년(인조 14, 18세)	경서와 사기를 많이 읽음. 성품이 뛰어나고 문장에 일찍 통달함.
1637년(인조 15, 19세)	문화 류씨 우립宇立의 딸과 결혼. [삼전도 항복]
1638년(인조 16, 20세)	향시에 응시.***
1641년(인조 19, 23세)	향시에 합격. 장녀 출생. [광해군 사망]
1644년(인조 22, 26세)	가을에 무과 초시에 합격.**** [청나라, 북경 입성]
1645년(인조 23, 27세)	봄에 무과에 급제. 명성이 널리 퍼지지는 못했으나, 동리에서는 명성과 인망을 얻음. 차녀 출생.
1646년(인조 24, 28세)	1월에 북변北邊에 부임. 가을에 귀향.
1648년(인조 26, 30세)	선전관에 임명. 10월에 처 사망.
1649년(인조 27, 31세)	선전관에 복귀해 비변사 낭청(종6품)을 겸함. 남양 홍씨 유해有海의 딸과 재혼. [5월 인조 사망. 효종 즉위]

---

* 《통상신공실기統相申公實記》에 실린 연보를 토대로 작성했다. 지방관으로 재직할 때 구휼에 힘쓰고 기강을 바로잡았다는 식의 상투적 내용은 제외했다.

** 진정공은 신류의 부친 신우덕(1581~1653)을 이른다. 《양절반씨총론》은 《양절반씨역대총론陽節潘氏歷代總論》을 가리키는데, 치인治人(나라를 다스리는 사람)의 법도法道를 다룬 책이다. 신류가 아홉 살에 이 책 세 편을 글자 하나 틀리지 않고 모두 암송하니, 그 총명함에 놀라지 않은 이가 없었다는 내용이 연보에 보인다.

*** 신류의 비문을 참고한 연보의 부기에 따르면, 신류는 향시에 몇 차례 실패한 것 같다. 또한 20세 때 응시가 첫 응시 같지도 않다.

**** 이에 대한 부기를 보면, 신류는 누차 향시를 통과하지 못한 것에 대해 불만이 많았던 것 같다.

1650년(효종 1, 32세)	10월에 선략장군선전관(종4품)에 임명됐으나 병으로 체직. 사과(정6품)로 승진하고 비변사낭청 겸 내승에 다시 임명. 3녀 출생.
1651년(효종 2, 33세)	6월에 강진 현감(종6품)에 임명.
1653년(효종 4, 35세)	장자 명로命老 출생
1654년(효종 5, 36세)	오위도총부 도사(종5품)에 임명되고 경력으로 승진(종4품). [1차 흑룡강원정]
1655년(효종 6, 37세)	훈련원부정(종3품) 겸 내승으로 임명. 임금이 팔금원八禁苑으로 불러 술을 내리고 후대함.
1656년(효종 7, 38세)	어해장군오위도총부 경력 겸 내승에 임명. 12월에 정3품 당상관급으로 승진하고, 혜산 첨사(종3품)에 임명.
1657년(효종 8, 39세)	북도병마우후(종3품)에 임명.
1658년(효종 9, 40세)	4월 6일 왕명을 받들고 영고탑으로 달려가 차한車漢(러시아)을 토벌. 6월 16일 승전보를 아룀. 8월 24일 회군해 돌아오니 임금이 크게 기뻐하고, 9월에 특별히 가선대부(종2품)로 올림 [2차 흑룡강 원정]
1659년(효종 10, 41세)	7월 선천 부사에 임명됐으나, 부친이 연로함을 들어 고사함. 9월에 김해 부사로 바꿔 임명됨. [5월 효종 사망. 현종 즉위]
1660년(현종 1, 42세)	김해에서 재직.
1661년(현종 2, 43세)	1월 경상 좌수사(종2품)로 발탁. 4녀 출생.
1663년(현종 4, 45세)	임기를 다 마치고 귀향. 7월에 부친 사망.
1665년(현종 6, 47세)	9월 탈상.
1666년(현종 7, 48세)	8월 호군(정4품)에 임명되고, 이어서 같은 달 동지(종2품)에 임명. 11월 부총관(종2품)에 임명됐으나 노모를 모시는 일 때문에 귀향. 차남 명구命耉 출생.
1667년(현종 8, 49세)	1월 부총관에 다시 임명. 4월 임금의 온천 행차를 호종하던 도중에 경상 좌수사(종2품)에 임명.
1669년(현종 10, 51세)	7월 모친 사망. 경상 좌수사로 재직 중이라 상을 직접 치르지 못했으나, 부고를 접하고 크게 애도하며 예를 갖춤.
1670년(현종 11, 52세)	막내 3남 명기命耆 출생.
1671년(현종 12, 53세)	11월 장단 부사에 임명.

1672년(현종 13, 54세)	경상 좌병사(종2품)에 임명.
1673년(현종 14, 55세)	서자 명화命和 출생.
1674년(현종 15, 56세)	1월 부총관(종2품)에 임명. 3월 황해 병사(종2품)에 임명. 4월 황주 목사(정3품)를 겸함. 12월 삼도통제사(종2품)에 임명.
	[8월 현종 사망, 숙종 즉위]
1675년(숙종 1, 57세)	2월 삼도통제사 임지에 부임.* 임지를 떠날 때 백성들이 비석을 세워 칭송함.
1676년(숙종 2, 58세)	장남 명로가 무과에 급제. 서녀 출생.
1677년(숙종 3, 59세)	2월 동지중추부사(종2품)에 임명. 3월 부총관(종2품)을 겸하고, 가을에 포도대장(종2품)을 겸함.
1678년(숙종 4, 60세)	장남 명로가 선전관에 임명.
1679년(숙종 5, 61세)	4월 역모사건에 연루되었다는 이유로 파직당하고 귀향.
1680년(숙종 6, 62세)	1월 15일 질병으로 자택에서 별세. 부고가 나자 임금이 애도하며 지관을 보내 후하게 장례를 치르도록 함. 이해에 옥사가 크게 일어나 관작을 추탈당함.**
	[3월 경신환국]
1689년(숙종 15)	[10월 기사환국]***
1690년(숙종 16)	10주기 때 숙종이 복관시키고 치제함.

---

* 임진왜란 이후 통제영의 위치는 두어 차례 바뀌다가, 1604년에 현재의 경상남도 통영에 자리를 잡은 이래 1895년까지 존속했다.

** 경신환국을 이르는데, 남인이 실권하고 서인이 집권한 결정적 사건이다. 남인의 거두였던 신류도 죽은 지 두어 달 만에 모든 관작을 추탈당했다.

*** 숙종이 서인을 내친 사건으로, 남인이 다시 득세한 환국이다.